세상에서
가장 재밌는
"지식"

일상생활

Title of the original German edition: Christa pöppelmann,

1000 Irrtümer der Allgemeinbildung

© 2005, 2010 by Compact Verlag GmbH, Munich

All Rights Reserved.

Korean translation copyright © 2015 by Jakeunchaekbang
Korean edition is published by arrangement with Compact Verlag
through Eurobuk Agency

세상에서 가장 재밌는 지식 일상생활

ⓒ 크리스타 푀펠만, 2015

초판 1쇄 인쇄일 2015년 8월 10일
초판 1쇄 발행일 2015년 8월 17일

지은이 크리스타 푀펠만 **옮긴이** 강희진
펴낸이 김지영 **펴낸곳** 작은책방
편집 김현주 · 백상열
마케팅 김동준 · 조명구 **제작** 김동영

출판등록 2001년 7월 3일 제2005 - 000022호
주소 (04047) 서울시 마포구 어울마당로 5길 25 - 10 유카리스티아빌딩 3층
(구. 서교동 400-16 3층)
전화 (02)2648-7224 **팩스** (02)2654-7696

ISBN 978 - 89 - 5979 - 397 - 6 (04030)
      978 - 89 - 5979 - 399 - 0 SET

- 책값은 뒷표지에 있습니다.
- 잘못된 책은 교환해 드립니다.

세상에서 가장 재밌는 "지식"

일상생활

크리스타 푀펠만 지음   강희진 옮김

작은책방

건강과 영양

일상과 사회

건강과 영양

염증과 응급 처방

먼지와 때는 무조건 건강에 해롭다?

집 안을 아무리 쓸고 닦아도 돌아서면 다시 먼지가 쌓이고 때가 끼어 화날 때가 한두 번이 아니다. 그런데 자연 발생적인 오염 물질들은 대개 건강에 무해하다. 생활 먼지를 비롯한 각종 오염 물질 속에 세균과 박테리아가 포함되어 있는 것은 사실이지만, 우리 몸이 스스로 알아서 정화하고 적응해나가기 때문에 건강을 해칠 우려가 그리 크지 않은 것이다. 참고로 지나친 위생 관념이나 청결에 대한 집착이 오히려 면역력을 떨어뜨리고, 그로 인해 더 많은 알레르기와 각종 감염을 유발한다고 한다.

🔬 야외에서 찔리거나 베이는 상처를 입으면 무조건 파상풍에 걸린다?

파상풍^{tetanus}은 사람이나 동물의 배설물, 흙 등에 포함되어 있는 '클로스트리듐 테타니^{Clostridium tetani}'라는 박테리아에 의해 유발되는 질병이다. 따라서 철조망에 찔리는 것만으로는 파상풍에 걸리지 않는다. 하지만 야외에는 클로스트리듐 테타니가 묻어 있는 장소나 물건들이 많기 때문에 야외 활동이 잦다면 반드시 파상풍 예방 주사를 미리 맞아야 한다. 또, 이미 예방 접종을 받았다 하더라도 10년에 한 번씩은 다시 맞는 것이 좋다.

🔬 도시 사람들은 건초열에 잘 걸리지 않는다?

도시에는 농촌만큼 꽃가루가 많이 날리지 않아 도시 사람들은 건초열^{hay fever}로 고생할 일이 없다고들 생각하지만, 사실은 그렇지 않다. 건초열로 인해 병원을 찾는 아이들 중에는 시골 아이들보다 도시 아이들이 더 많다. 사람이 많은 곳에 가거나 동물과 접촉하면 알레르기성 질환에 걸린다는 말도 정확한 정보가 아니다. 조사 결과, 형제자매가 많은 아이들, 혹은 애완동물을 기르는 가정에서 자란 아이들이 알레르기성 질환에 걸릴 비율이 오히려 더 낮은 것으로 드러났다. 이와 관련해 학자들은 도시 거주자들은 심각한 환경 오염으로 인해 시골 거주자들보다 더 많은 위험에 노출되어 있고, 신체 리듬이나 저항력에 교란이 일어날 경우, 심지어 전혀 유해하지 않은 천연 성분에 대해서도 알레르기 반응을 일으킬 수 있다고 경고했다.

✒ 팔다리에 붉은 반점이 생기면 패혈증에 걸린 것이다?

팔다리에 붉은 줄이나 반점이 생기면 패혈증^{septicemia}에 걸린 것이고, 반점이 심장 부위까지 확산되면 목숨을 잃는다는 속설이 있다. 그러나 패혈증의 전형적인 증상은 홍반이 아니라 무기력감과 고열이다. 심하면 각종 신체 기관에 이상 증상이 나타날 수도 있다. 신체 각 부위에 생기는 붉은 선들은 국부적 염증에 의한 상처에 불과하다. 단, 해당 염증이 림프관으로 전이되면 패혈증으로 악화될 수도 있으니 붉은 줄이 10센티미터 이상 길어질 경우에는 의사의 진료를 받는 것이 좋다. 한편, 패혈증의 원인이 정확히 밝혀지지 않는 경우도 있는데, 독일만 해도 한 해에 4만 명이 원인 모를 패혈증으로 목숨을 잃는다고 한다.

🖊 화상을 입으면 즉시 연고를 즉시 발라야 한다?

화상을 입었을 때 가장 먼저 취해야 할 행동은 손상된 신체 부위를 냉각시키는 것이다. 그래야 열이 주변 부위로 전이되지 않기 때문이다. 전문의들은 환부를 최소 20분 동안, 흐르는 차가운 물로 식혀준 뒤 화상용 연고를 바르는 것이 좋다고 말한다. 나아가 화상 부위가 넓을 때에는 즉시 의사의 진찰을 받되, 이 경우에도 병원에 도착할 때까지 환부를 계속 차게 해주어야 한다고 충고한다.

🖊 진드기는 오일이나 접착제로 마취시킨 뒤 제거해야 한다?

진드기^{tick}는 뇌막염^{meningitis}이나 라임병^{Lyme borreliosis}을 일으킬 수 있는 유해한 벌레이다. 그런데 피부에 침투한 진드기를 오일이나 접착제로 일단 마취시킨 뒤 잡아당겨 빼내야 한다는 속설은 의학적으로 옳지 않다. 그렇게 할 경우, 우선 진드기를 제거하기까지 시간이 너무 오래 걸리는 데다, 진드기가 오일이나 접착제 냄새 때문에 상처 부위에 대고 구토라도 하면 상황이 더더욱 심각해질 수 있기 때문이다. 한편, 피부에 침투한 진드기를 제거할 때에는 피부 속에 박힌 부분이 부러지지 않도록 유의해야 한다. 일부가 피부 속에 남아 있으면 각종 염증을 일으킬 수 있기 때문이다.

코피가 나면 고개를 뒤로 젖혀야 한다?

코피가 날 때 고개를 뒤로 젖히면 옷에 피를 묻히지 않을 수는 있겠지만 코피를 멈출 순 없다. 게다가 혈액이 기도氣道로 넘어갈 수도 있고, 코피의 양이 많은 경우에는 구토나 질식을 일으킬 수도 있다. 코피가 날 때 최상의 지혈법은 휴지나 솜을 작게 뭉쳐서 비강을 막은 뒤 콧방울을 가볍게 누르면서 고개를 앞으로 숙이는 것이다. 차가운 물에 적신 거즈나 수건으로 목을 감싸는 것도 지혈에 도움이 된다.

수면과 통증

 꿈은 단 몇 초밖에 지속되지 않는다?

수면 연구가들은 꽤 길게 느껴지는 꿈이라 해도 실제로는 몇 초밖에 지속되지 않는다고 주장해왔다. 실제로, 깜박 졸았을 뿐인데 그사이에 꿈속에서 한 편의 장편 드라마를 찍은 듯한 느낌이 들 때도 적지 않다. 하지만 최근 들어 꿈의 지속 시간이 최대 30분에 이른다는 연구 결과가 나왔다. 꿈이 단 몇 초밖에 지속되지 않는다는 예전의 주장이 옳지 않은 것으로 판명된 것이다. 또한 잠든 직후보다 아침에 일어나기 전에 꾸는 꿈이 통상 더 오래 지속되고, "나는 잠잘 때 절대 꿈을 꾸지 않아!"라고 단언하는 사람들도 사실은 꿈을 꾸지만 기억을 못하는 것뿐이다.

자정 전의 수면이 가장 건강한 수면이다?

수면 효과가 최대화되는 시간은 잠든 직후부터 1~3시간 동안이다. 그만큼 깊이 잠들기 때문이다. 밤 12시 이전에 자느냐 이후에 자느냐는 중요하지 않다. 사람마다 생활 주기와 바이오리듬이 다르기 때문에 각자 자신에게 편한 시간을 택하면 된다. 한편, 아침 일찍 일어나는 사람이 '올빼미족'보다 건강하다는 말도 100퍼센트 믿을 수 있는 말은 아니다. 단, 하루에 최소 다섯 시간은 자야 한다는 말은 의학적 근거가 있다. 그래야 휴식과 충전이 가능하기 때문이다. 참고로 그보다 더 많이 잘 경우 더 개운한 느낌이 들 수는 있겠지만, 의학적으로는 하루 다섯 시간만 자면 충분하다고 한다.

 ## 약은 남자와 여자에게 동일한 효능을 발휘한다?

오랫동안 약학자들은 같은 종류의 약을 복용할 경우, 남자와 여자에게서 나타나는 치료 효과도 동일하다고 믿어왔다. 하지만 최근 발표된 연구 결과들은 그와 반대되는 결론을 제시하고 있다. 같은 약물이라 하더라도 복용자의 성별에 따라 약효가 달라진다는 것이다. 예를 들어 아스피린은 남자들에게는 심장 마비 예방 효과를 발휘하지만, 여자들에게서는 해당 효과가 관찰되지 않았다. 이렇듯 약물에 대한 남녀의 반응이 다르기 때문에 마취제를 비롯한 지용성 약물을 투여할 때에는 특히 세심한 주의가 요구된다. 남녀의 체지방 비율이 서로 다르다는 점을 감안해 투여량을 조절해야 하는 것이다. 체내 효소의 농도도 약효에 영향을 미치는데, 이 부분은 남녀의 차이라기보다는 인종이나 민족적 차이라 할 수 있다. 다시 말해 유럽인들에게는 큰 효과가 없지만 아프리카인들에게는 효과가 큰 약물이 있는가 하면, 반대로 어떤 약물들은 유럽인들이 복용했을 경우에 약효가 더 크게 발휘된다.

 지나치게 신 음식을 먹으면 위벽에 구멍이 뚫린다?

이는 자녀들에게 올바른 식습관을 길러주기 위해 부모들이 자주 하는 말이지만, 실제로는 신 음식을 먹는다고 해서 위벽에 구멍이 뚫리는 것은 아니다. 위샘에서 분비된 염산은 각종 영양소들을 소화시켜준다.

휴대 전화는 인체에 무해하다?

하루가 멀다 하고 휴대 전화는 암癌과 무관하다는 기사가 쏟아지고 있지만, 이 같은 주장들은 학술적으로 완벽하게 증명되지 않았다. 휴대 전화 사용이 인체에 미치는 영향에 대해서는 지금도 논란이 분분하다. 전자파에 민감한 사람이라면 장시간 통화한 뒤에 두통을 느낄 수도 있고, 전화기에서 발생하는 열 때문에 눈 주변을 비롯해 혈액 순환이 원활하지 않은 신체 부위의 온도가 상승할 수도 있다. 따라서 그런 현상들이 장기적으로 이어질 경우에는 인체에 유해한 결과를 초래할 수 있다.

 ## 복식 호흡이 더 건강하다?

공기를 복부까지 밀어 넣을 수 있는 사람은 아무도 없다. 우리가 들이마신 공기는 폐로만 들어갈 뿐, 다른 어떤 신체 부위에도 도달하지 않는다. 단, 폐에 공기가 가득 찰 경우 흉강과 복강 사이에 있는 횡격막이 확장되면서 공기가 배 속까지 들어가는 듯한 느낌이 드는 것은 사실이다. 참고로 복식 호흡을 훈련할 수 있는 가장 좋은 방법은 배 위에 무거운 책 한 권을 올려놓은 뒤 누운 자세로 숨을 쉬면서 책을 최대한 높이 들어 올리는 것이다.

진통제를 복용하면 통증이 사라진다?

진통제는 일시적으로 통증을 느끼지 못하게 만들 뿐, 통증 자체를 없애거나 통증의 원인을 제거하지는 않는다. 즉 통증을 인지하는 기능을 잠시 마비시키는 것이다. 때문에 장기간 복용하면 오히려 인체에 무리가 갈 수 있으므로 주의가 필요하다. 그렇다고 고통을 무조건 참아야 한다는 말은 아니다. 같은 종류의 통증이 자주 발생할 경우, 우리 몸이 그 통증을 기억해뒀다가 통증의 원인이 제거된 이후에도 아프다는 신호를 내보낼 수 있기 때문이다. 따라서 통증이 심한 경우에는 의사나 약사의 처방을 받아 적당한 수준에서 진통제를 복용하는 것이 좋다.

땀과 감기

💧 날씨가 후텁지근하면 땀이 더 많이 난다?

습도와 땀의 양 사이에는 아무 연관성이 없다. 땀은 내부 열기에 대한 신체의 반응이라 할 수 있는데, 그 열기는 온도로 결정되는 것이지 습도로 결정되는 것이 아니다. 그런데 고온건조한 날씨에 흘리는 땀은 쉽게 증발되므로 땀을 흘리고 있다는 사실 자체를 자각하지 못할 때가 많은 반면, 공기 중에 습기가 가득할 때에는 땀이 거의 증발되지 않아 끈적끈적하고 불쾌한 기분이 드는 것이다.

땀은 악취의 원인이다?

땀 자체는 아무런 냄새도 풍기지 않는다. 만약 땀이 정말 악취의 원인이라면 사우나에 갈 때마다 빨래집게로 코를 집어야 할 것이다. 단, 땀에는 각종 양분들이 포함되어 있어서 박테리아가 서식하기 좋은데, 박테리아가 땀을 분해할 때 악취가 발산된다.

데오도란트를 사용하면 땀이 나지 않는다?

일명 '데오도란트^{deodorant}'라 불리는 땀 냄새 억제제를 사용하면 상쾌한 기분이 든다. 하지만 데오도란트는 발한 자체를 막아주는 것이 아니라 땀에 기생하면서 악취를 유발하는 박테리아의 번식을 억제할 뿐이다. 데오도란트와 비슷한 제품으로 '안티퍼스피런트$^{anti-perspirant}$'라는 것이 있는데, 안티퍼스피런에는 실제로 땀의 양을 줄여주는 효과가 있다. 모공을 닫아서 땀이 덜 나게 해주는 것이다. 그렇다고 안티퍼스피런트의 사용을 무조건 권장할 일은 아니다. 땀은 말하자면 신체 자체가 지니고 있는 '냉방 장치'라고 할 수 있는데, 안티퍼스피런트가 그러한 자율적 온도 조절 기능을 방해하기 때문이다.

🌢 겨드랑이 털을 제거하면 땀이 덜 난다?

면도를 한다고 땀의 양이 줄어들지는 않는다. 겨드랑이 털을 제거하면 티셔츠의 겨드랑이 부위가 더 빨리 젖을 뿐이다. 악취가 걱정이라면 면도 대신 땀이 분해되기 전에 미리 겨드랑이 부위를 씻어 주는 편이 더 도움이 된다. 참고로 면도를 할 경우, 모낭이 손상되어 농포나 부스럼이 생길 위험이 있다고 한다.

🌢 로션이나 크림을 바르면 피부가 부드러워진다?

선진국 국민들의 경우, 안 씻거나 피부 관리를 안 하는 것이 문제가 아니다. 오히려 비누나 로션, 크림 등 청결 용품을 너무 많이 사용해서 탈이다. 임상 시험을 통해 인체에 무해한 것으로 판명 난 용품이라 해도 무조건 안심해서는 안 된다. 유해 성분이 끊임없이 검출되고 있기 때문이다. 이와 같은 유해 성분은 특히 달콤한 향기를 내는 향료에 더 많이 포함되어 있다. 사실 건강한 피부라면 굳이 로션이나 크림을 바르지 않아도 자체적으로 습도를 조절한다. 참고로 지나치게 건조한 공기나 지나치게 뜨거운 물로 하는 목욕과 샤워, 불규칙한 생활 습관, 화장품의 과다 사용 등은 그러한 자체 조절 기능을 오히려 방해한다.

동창은 맹추위 때문에 걸리는 질병이다?

동창pernio은 혈액 순환 장애나 혈관 수축 혹은 영양분이 충분히 공급되지 않아서 발생하는 질환으로, 동창에 걸린 부위는 습기와 추위에 특히 더 민감해진다. 대표적 증상은 피하에 멍처럼 보이는 푸르스름하고 넓은 자국이 생기는 것인데, 해당 부위에 극심한 통증을 느낄 수도 있고 반대로 감각이 없어질 수도 있다. 참고로 동창은 맹추위가 기승을 부릴 때보다는 습도가 높은 겨울날 장시간 실외에 머무를 때 더 걸리기 쉽다.

감기는 날씨가 추울 때에만 걸린다?

감기는 바이러스성 질환으로 계절을 불문하고 걸릴 수 있는 질병이다. 호흡기의 점막이 냉각되면 혈액 순환이 힘들어지는데, 그때가 바로 감기 바이러스의 공격을 받기 좋은 상황이다. 그럼에도 불구하고 여름철보다는 겨울철에 감기 환자가 더 많은 이유는 아마도 추운 날씨일수록 닫힌 공간 안에서 여러 사람이 함께 지내는 경우가 더 많기 때문인 것으로 추정된다.

눈과 치아

🪥 **고대에는 안경이 없었다?**

고대인들도 표면을 연마한 유리가 사람의 인상을 바꾸어놓을 수 있다는 사실을 잘 알고 있었다. 하지만 유럽에서는 그러한 값진 상식이 어떤 이유에선지 갑자기 사라졌다가 1240년경에야 다시 등장했다. 아라비아의 수학자 알리 알하산 이븐 알하이삼^Ali al-Hasan ibn al-Haytham (965~1040년경)의 저서 《광학 보전 ^Opticae Thesaurus》이 라틴어로 번역되어 소개되면서 유럽 사람들도 다시금 안경의 중요성을 깨닫기 시작한 것이었다. 그 책에 소개된 이론들을 바탕으로 유럽인들은 1280년경부터 시력 보완용 렌즈를 생산해냈다. 여기서 말하는 유럽인들이 영국인들인지 베네치아인들인지는 확실치 않지만, 수도사들이 안경 발달에 주도적 역할을 한 것만큼은 확실하다. 한편, 그림 속에 '안경잡이' 가 최초로 등장한 것은 14세기 중반인데, 해당 그림은 현재 트레비소^Treviso의 산니콜로^San Nicolò 수도원에 소장되어 있다. 참고로 이 그림 속 인물이 쓰고 있는 안경에는 테가 없다.

눈앞에 검은 점이 떠다니는 것처럼 보이는 현상은 빛의 굴절 때문이다?

가끔 눈앞에 검은 점이나 벌레가 떠다니는 듯한 느낌이 들 때가 있다. 눈을 오른쪽으로 움직이면 검은 점도 오른쪽으로 이동하고 눈을 치켜뜨면 검은 점도 위로 이동하는데, 아무리 거울을 들여다봐도 눈 안에 무언가 들어가지는 않은 것 같기 때문에 많은 이들이 빛의 굴절이나 산란 때문에 그런 현상이 일어난다고 믿고 있다. 하지만 이는 수정체와 망막 사이에 있는 유리체^vitreous body에 먼지나 이물질이 끼었을 때 나타나는 현상으로, 의학 용어로는 비문증^muscae volitantes 혹은 날파리증^flying flies이라 부른다. 가벼운 비문증은 대개 어느 정도 시간이 지나면 자연스레 사라지지만, 시야가 심각하게 혼탁하거나 섬광 같은 것이 보인다면 즉시 의사의 진찰을 받아보는 것이 좋다. 그대로 방치했다가는 망막 박리^detachment of the retina 현상이 일어날 수 있기 때문이다.

🏛 설탕을 많이 먹으면 이가 썩는다?

단 음식을 먹는다고 무조건 이가 썩는 것은 아니다. 사람의 치아는 법랑질enamel로 코팅되어 있는데, 법랑질은 우리 몸을 구성하는 조직들 중 가장 딱딱한 조직임에도 불구하고 유독 산acid에 대해서는 취약하다. 즉 음식물 속에 포함된 산성 성분이 법랑질을 마모시키는 것이다. 산도가 높은 음식물로는 탄산음료와 이온 음료가 대표적이지만, 모두가 몸에 좋다고만 알고 있는 과일 주스 중에도 산도가 꽤 높은 것들이 적지 않다. 하지만 뭐니 뭐니 해도 치아를 가장 많이 손상시키는 주범은 끈끈한 음식물, 즉 치아에 들러붙는 음식물들이다. 그러한 음식물들을 자주 섭취하게 되면 치태plaque가 끼기 쉽다. 치태는 음식물 부스러기와 세균 그리고 세균의 신진대사로 인한 분비물 등으로 이루어지는데, 24시간 안에 세균성 피막이 형성될 수도 있다. 치아 표면에 달라붙은 세균들은 설탕이나 밀가루, 감자 등에 포함된 탄수화물을 산acid으로 전환하고, 그렇게 생성된 산성 성분은 법랑질을 손상시킨다. 참고로 이 세균들은 '원료'를 공급받을 때마다 '공장'을 가동한다. 즉 입안에 음식물이 들어올 때마다 산성 성분을 생산해내는 것이다. 레몬주스나 사과 주스를 끊임없이 홀짝이는 것이 초콜릿 한 조각을 순식간에 뚝딱 먹어 치우는 것보다 치아를 더 손상시킨다고 말하는 것도 그 때문이다.

양치질은 밥을 먹은 직후에 하는 것이 좋다?

식사가 끝나자마자 칫솔질을 하는 것은 그다지 권할 만한 일이 못된다. 그러잖아도 음식물에 포함되어 있던 산성 성분이 법랑질을 공격하고 있는데, 칫솔질 때문에 법랑질을 더 자극할 수 있기 때문이다. 따라서 우선은 물로 입안을 헹구어 산성 성분을 제거한 뒤 약 30분 뒤에 칫솔을 사용해 구석구석 깨끗이 양치하는 것이 가장 좋다고 한다.

전동 칫솔이 일반 칫솔보다 더 성능이 좋다?

전동 칫솔이 일반 칫솔보다 더 좋다는 생각은 원칙적으로 옳지 않다. 하지만 어린아이들은 전동 칫솔을 장난감처럼 여기면서 양치질을 더 오래 하려고 하는데, 그런 의미에서는 전동 칫솔이 긍정적 효과를 띤다고 할 수 있다. 전동 칫솔의 칫솔 모가 일반 칫솔의 모보다 더 작고 촘촘하다는 점도 구석구석 깨끗하게 이를 닦는 데 도움이 된다. 하지만 양치질을 할 때 가장 유념해야 할 사항은 치아 뿌리 부분에 낀 음식물 찌꺼기까지 완벽하게 제거해야 한다는 것이다. 치간 칫솔이나 치실을 꼭 사용해야 하는 것도 그 때문이다. 한편, 어떤 치약을 사용하느냐는 의외로 그다지 중요치 않다고 한다.

충치는 현대에 등장한 신종 질병이다?

고대 이집트의 파라오들 중에도 치통으로 고생한 이들이 적지 않다. 그런데 유적지에서 출토된 유골들을 분석한 결과, 충치보다 더 심각한 치아 질환이 발견되었다. 빻은 곡류나 빵, 죽 등 고대인들의 주식이었던 음식물들이 치아 표면을 심각하게 마모시킨 것이었다. 개중에는 치아 뿌리까지 썩어 있는 경우도 있었다고 한다.

당뇨병과 심장 마비

 심장 마비는 일종의 '부자병'이다?

심장 마비는 사회적 지위가 낮고 가난한 사람들이 더 잘 걸리는 병이다. 몸에 좋은 음식만 골라 먹을 형편도 못 되는 데다 담배도 많이 피우고 운동량도 부족하며 스트레스를 건강하게 극복해내지 못하기 때문이다. 물론 가진 것이 많은 사람이라 해서 스트레스가 전혀 없는 것은 아니지만, 고위직 종사자들은 대개 업무로 인한 스트레스를 일종의 도전으로 간주한다. 혹시 지금 추진 중인 일이 실패로 돌아가더라도 당장 생활고에 시달릴 일은 없기 때문이다. 하지만 언제 해고당할지 모르는 이들에게 있어 스트레스는 어디까지나 스트레스일 뿐이다.

🔹 노인성 당뇨병은 노인들만 걸리는 질병이다?

당뇨병은 크게 인슐린 의존성(제1형)과 인슐린 비의존성(제2형)으로 나뉜다. 그중 제1형 당뇨병은 체내에서 인슐린이 원활하게 분비되지 않아서 발생하는 질환으로, 유전에 의한 것이다. 반면 흔히 '노인성 당뇨병'이라 불리는 제2형 당뇨병은 췌장에서 인슐린은 원활하게 분비되지만 인슐린이 혈당을 낮추지 못하는 증상을 뜻한다. 예전에는 이러한 제2형 당뇨병이 주로 노인들에게서 관찰되었고, 아무리 빨라도 30세 이전에 제2형 당뇨병에 걸리는 일이 거의 없었다. 그러나 지금은 노인성 당뇨병 환자의 수도 늘어났고, 그보다 더 심각한 문제는 초등학생들에서도 이미 동일한 증상이 나타나고 있다는 것이다. 참고로 전문가들은 어린 나이에 노인성 당뇨병에 걸리는 가장 큰 원인으로 운동 부족을 꼽았다.

🔹 대부분의 질병은 심인성 질병이다?

오랜 세월 동안 인류는 질병을 유발하는 원인들 중 심리적 원인을 경시해왔다. 그런데 이제 그 부분을 보상이라도 하려는 듯 모든 질병의 원인을 정신신체적^{psychosomatic} 원인에서 찾으려 하고 있다. 예를 들면 위염이나 위궤양도 분노를 억누르고 스트레스를 해소하지 못했기 때문에 발생하는 질병으로 분류하는 것이다. 실제로 그런 사례가 많기 때문에 완전히 틀린 말이라곤 할 수 없다. 하지만 심리적 이유와는 상관없이 오로지 신체적 · 물리적 이유만으로 위염이나 위궤양을 앓는 환자들도 분명 있다. 예를 들어 헬리코박터 파일로리$^{Helicobacter\ pylori}$ 같은 균에 의해 병변이 발생하는 것이다. 참고로 헬리코박터 파일로리 균에 의한 질병은 심리 요법이 아니라 항생제로 치유할 수 있다고 한다.

 맹장 수술 시에는 맹장을 제거한다?

우리가 흔히 맹장이라 부르는 기관은 사실 맹장^{cecum}이 아니라 맹장 끝부분에 붙어 있는 8센티미터 정도 길이의 충수 돌기^{appendix}이다. 맹장염에 걸려 수술을 받는다 하더라도 맹장 전체가 아니라 충수 돌기만 제거하게 되는 것이다. 한편, 한때 맹장이 쓸모없는 기관이라 해서 어릴 때 제거 수술을 받는 경우도 있었지만, 현대 의학에서는 맹장 제거에 대해 신중한 입장을 취하고 있다. 맹장이 면역 체계에 있어 매우 중요한 기관이라는 사실이 밝혀졌기 때문이다.

비만이 다양한 질환을 유발한다는 사실은 이제 누구나 다 아는 상식이다. 하지만 그 말이 곧 다이어트가 건강을 증진시킨다는 뜻은 아니다. 특히 단기간에 걸친 집중적 다이어트는 요요 현상만 초래할 뿐이다. 나아가 무리한 다이어트는 신진대사 체계를 교란시키고 체내 수분 밸런스를 무너뜨리며, 간·쓸개·심혈관계 질환까지 유발할 수 있으니 특히 더 지양해야 한다. 게다가 체중만 줄이면 심장 마비나 동맥 경화증 발발 위험이 낮아진다는 보장도 없다. 따라서 무리한 다이어트보다는 장기간에 걸쳐 식습관을 개선하고 서서히 운동량을 늘리는 것이 좋다.

뚱보와 말라깽이

뚱뚱한 사람들은 많이 먹어서 뚱뚱해진 것이다?

많이 먹어서 뚱뚱해진 사람은 손에 꼽을 정도이다. 뚱뚱한 사람이 빼빼 마른 사람보다 식사량이 더 적다는 조사 결과도 나왔다. 비만의 원인은 음식물 과다 섭취가 아니라 유전적 원인이나 운동 부족, 신진대사 장애 등이다. 참고로 무리한 다이어트로 인해 기초 대사량이 줄어든 경우에는 적게 먹어도 살이 찔 수 있다고 한다.

전 세계 인구가 점점 더 뚱뚱해지고 있다?

새로 바뀐 기준에 의하면 전 세계 인구가 점점 더 뚱뚱해지고 있는 것이 맞다. 1990년대 말, 세계보건기구WHO는 비만도를 평가하는 새로운 기준, 즉 신체질량지수BMI, Body Mass Index라는 기준을 내놓았다. BMI는 체중을 신장의 제곱으로 나눈 값인데, BMI가 25 이상이면 경도 비만, 30 이상이면 고도 비만으로 분류한다. 그런데 예전에는 신장에서 100을 뺀 값에 ±10퍼센트까지를 정상 체중으로 간주했다. 예컨대 키가 175센티미터라면 82.5킬로그램까지를 정상으로 본 것이다. 하지만 지금 기준으로 보자면 175센티미터에 82.5킬로그램이면 BMI가 27로 경도 비만에 해당한다. 참고로 BMI 지수가 신체적 특성이나 연령을 전혀 고려하지 않은 작위적 기준이라며 비판하는 학자들도 적지 않다.

밤늦게 섭취하는 음식물은 건강에 해롭고 비만을 유발한다?

밤늦게 먹는 음식이 건강에 해롭고 비만을 유발한다면 지중해 연안에 사는 사람들 모두가 비만과 각종 질병에 시달리고 있어야 한다. 그 지역 사람들은 저녁을 매우 늦게 먹는 습관이 있기 때문이다. 하지만 배가 부르면 수면의 질이 저하된다거나 저녁 6시 이후에는 물 한 방울만 마셔도 군살이 된다는 말은 어디까지나 속설일 뿐, 학술적으로 증명된 적은 없다. 물론 평소 식습관에 따라 야식이 위에 부담을 줄 수는 있다. 밤늦게 무언가를 먹지 않던 사람이 어느 날 갑자기 성대한 만찬을 즐겼다면 당연히 속이 거북할 것이다. 하지만 원래 삼시 세끼 중 저녁을 가장 거창하게 먹던 사람이 갑자기 점심때 과식할 경우에도 속이 거북해질 수 있기 때문에 밤늦게 섭취하는 음식물이 무조건 건강에 해롭다고 말할 수는 없다.

저칼로리 식품을 먹으면 날씬해진다?

바야흐로 저칼로리 식품들이 시장을 장악하고 있다. 일반 식품에 비해 설탕과 지방 함량이 낮은 제품들이 불티나게 팔리고 있는 것이다. 참고로 저칼로리 식품들을 만들 때에는 설탕 대신 인공 감미료를 쓴다. 인공 감미료는 설탕처럼 단맛을 내지만 칼로리는 거의 없기 때문에 저칼로리 식품의 재료로 쓰이는 것이다. 그런데 설탕 대신 인공 감미료만 섭취한다 해서 무조건 살이 빠지는 것은 아니다. 인공 감미료는 우리 몸에 '자, 이제 단것이 들어갈 예정이니 소화할 준비를 하세요!'라는 신호를 보내고, 그 신호에 따라 우리 몸에선 인슐린이 분비되는데, 문제는 인슐린이 분해해야 할 '진짜 당분'이 없다는 것이다. 때문에 인슐린은 설탕 대신 혈당을 분해하고, 그러고 나면 혈당 수치가 낮아져 이루 말할 수 없는 공복감이 엄습한다. 즉 인공 감미료 때문에 평소보다 더 많이 먹게 되고, 결국은 살이 더 찌게 될 수도 있는 것이다. 참고로 진짜 기름을 대체하는 가짜 기름 역시 인공 감미료와 마찬가지로 역효과를 낸다고 한다.

저칼로리 식품은 모두 다 칼로리가 낮다?

저칼로리 식품이 같은 종류의 일반 식품보다 칼로리가 낮은 것은 사실이다. 그렇다고 저칼로리 식품이 모두 다 칼로리가 낮은 것은 아니다. 예컨대 저칼로리 치즈는 일반 치즈에 비해 분명 열량이 적지만, 치즈의 기본 속성, 즉 지방 함유량이 다른 음식에 비해 높다는 속성을 완전히 벗어버리지는 못한다. 즉 어떤 음식 앞에 '저칼로리'라는 수식어가 붙을 경우, 같은 종류의 식품에 비해 칼로리가 낮다는 뜻이지, 다른 종류의 음식들과 비교해도 칼로리가 낮다는 뜻은 아니다.

한동안 식사량을 줄이면 위가 줄어든다?

식사량을 줄인다고 해서 위의 크기가 줄어드는 것은 아니다. 얼마를 먹든 간에 위의 크기는 일정하다. 다이어트를 한답시며

쫄쫄 굶다가 갑자기 많이 먹으면 오히려 탈이 날 수도 있다. 식사량을 줄인 동안 전반적인 소화 체계도 적은 양에 익숙해지기 때문이다. 참고로 위의 사이즈를 줄이는 방법들 중에는 실리콘 링을 삽입해서 인공적으로 위를 분할하는 방법도 있다고 한다.

달걀과 버터

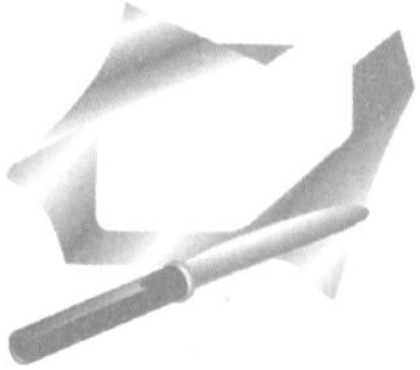

콜레스테롤 수치가 낮을수록 건강하다?

간이나 갑상선 기능에 이상이 있을 때에도 콜레스테롤 수치가 낮아진다. 뿐만 아니라 70세 이상 고령자들의 경우에는 콜레스테롤 수치가 높은 편이 심지어 더 몸에 좋다고 한다. 네덜란드의 연구진도 콜레스테롤 수치가 높은 고령자들이 그렇지 않은 고령자들에 비해 암이나 기타 감염으로 인해 사망할 확률이 더 낮다는 연구 결과를 내놓았다. 여성들의 경우에도 콜레스테롤 수치가 높다 해서 크게 문제가 되진 않는다. 콜레스테롤 수치와 심혈관계 질환 사이의 연관성은 주로 50세 이하의 남성들에게서 나타나기 때문이다. 따라서 특별한 질환이 없는데도 굳이 콜레스테롤 수치를 낮게 유지할 필요가 있는지에 대해서는 지금도 논란이 분분하다.

○ 일주일에 달걀을 두 개 이상 먹으면 건강에 해롭다?

일주일에 달걀을 두 개 이상 먹지 말라고 권하는 가장 큰 이유는 콜레스테롤 때문이다. 실제로 달걀은 콜레스테롤 함유량이 높다. 하지만 달걀을 많이 먹으면 동맥 경화증이나 심장 마비에 걸린다는 말은 아직 학술적으로 입증되지 않았고, 음식물을 통해 섭취한 콜레스테롤과 혈중 콜레스테롤 농도의 상관관계도 정확히 밝혀지지 않았다. 사실 혈중 콜레스테롤 중 대부분은 우리 몸이 스스로 합성한 것이다. 그뿐 아니라 우리 몸은 음식물 섭취로 인해 외부에서 콜레스테롤이 유입되면 '자체 생산량'을 자동으로 줄인다고 한다.

○ 자연 방사 달걀노른자가 양계장의 달걀노른자보다 색깔이 더 선명하다?

달걀노른자의 선명도는 카로틴 함량에 따라 결정된다. 때문에 자연 방사한 닭들이 낳은 달걀이라 하더라도 계절에 따라 노른자의 색깔이 달라진다. 즉 겨울보다는 초여름에 더 짙다. 그 이유는 봄부터 초여름까지는 여기저기에 널려 있는 카로틴이 풍부한 먹이를 먹지만, 겨울에는 인공 사료를 먹기 때문이다. 하지만 요즘은 양계장에서 키우는 닭이라 해서 노른자의 색이 반드시 옅은 것도 아니다. 사료에 카로틴을 섞어서 공급하고 있기 때문이다.

○ 달걀흰자에 단백질이 더 많이 함유되어 있다?

달걀흰자(난백)에서 단백질이 최초로 발견된 것은 사실이지만, 그렇다고 달걀흰자의 단백질 함유량이 특별히 더 높은 것은 아니다. 단백질 함유량은 오히려 달걀노른자(난황)가 더 높다. 참고로 육류와 생선, 유제품, 곡류, 콩류, 감자 등도 고단백 식품에 속한다.

○ 살모넬라균 때문에 달걀은 반드시 냉장 보관해야 한다?

냉장 보관을 하면 살모넬라균의 증식 속도를 늦출 수 있는데도 슈퍼마켓에서는 달걀을 냉장고가 아닌 일반 진열대에 놓아둔다. 왜냐하면 살모넬라균이 주변 온도가 변할 때 가장 잘 번식하기 때문이다. 즉 차갑게 보관했다가 상온에 보관했다가를 반복하면 살모넬라균이 급속도로 늘어나는 것이다. 그렇게 볼 때 슈퍼마켓에서는 상온 상태에서 판매하고 해당 제품을 구입한 뒤 각 가정에서는 냉장 보관하는 것이 가장 이상적이라 할 수 있다. 참고로 날달걀이 포함된 요리를 보관할 때에도 주변 온도 가 자주 바뀌지 않도록 유의해야 한다.

달걀은 플라스틱 숟가락으로만 먹어야 한다?

어떤 숟가락으로 먹어도 상관없지만 은silver 소재는 피해야 한 다. 은이 달걀의 황화수소hydrogen sulfide와 반응해 숟가락이 검 게 변색하고 그로 인해 불쾌한 맛이 나기 때문이다.

마가린이 버터보다 몸에 좋다?

마가린과 버터 중 어느 쪽이 건강에 더 이로운지를 둘러싼 논 쟁은 종교 전쟁을 방불케 할 정도로 치열하게 진행되어왔다. 그 런데 사실 두 식품의 칼로리는 큰 차이가 없다. 마가린에는 콜레 스테롤이 들어 있지 않은 반면, 버터에는 상당량의 콜레스테롤 이 함유되어 있을 뿐이다. 몇몇 영양학자들은 콜레스테롤이 몸 에 좋지 않다는 이유로 버터보다 마가린을 권하지만, 그 반대편에는 마가린에 들어 있는 트랜스 지방이 콜레스테롤만큼이나 유해하다고 지적하는 학자들도 없지 않다.

◯ 불포화 지방산이 포화 지방산보다 몸에 좋다?

둘 중 어느 쪽이 몸에 더 좋다고 단언하기 어렵다. 지방산 fatty acid은 크게 포화 지방산saturated fatty acid과 불포화 지방산 unsaturated fatty acid으로 나뉘고, 불포화 지방산은 다시 단순 불포화 지방산monoun-saturated fatty acid과 복합 불포화 지방산 polyunsaturated fatty acid으로 구분되는데, 올리브유 같은 경우는 그중 복합 불포화 지방산의 함유량이 비교적 낮은데도 불구하고 늘 건강한 기름으로 평가되어왔다. 버터도 불포화 지방산의 함유량이 적은 편이지만 최소한 몸에 해로운 음식으로 분류되지는 않는다. 최근 연구 결과에 따르면 기름을 구입할 때 불포화 지방산이나 포화 지방산의 함량보다는 복잡한 가공 과정을 거치지 않은 천연 기름(올리브유나 해바라기유 혹은 버터)이냐 아니냐를 더 꼼꼼히 따져보는 것이 바람직하다고 한다.

비타민과 섬유질

인체는 스스로 비타민을 합성하지 못한다?

비타민은 오랫동안 체내에서 합성되지 않기 때문에 인위적으로 보충해주어야 하는 영양소로 인식되어왔다. 하지만 지금은 상황이 조금 달라졌다. 몇몇 비타민이 체내에서 생산된다는 연구 결과가 나온 것이다. 호르몬의 한 종류인 비타민 D는 햇볕을 쬐면 생성되고, 나이아신^{niacin}(비타민 B_3)도 단백질을 이용해 체내에서 스스로 합성된다. 그런가 하면 비타민 B_{12}와 K는 장내 세균에 의해 만들어진다.

⬤ 비타민과 미네랄은 많이 섭취할수록 좋다?

인체가 처리할 수 있는 비타민의 양에는 한계가 있다. 몇몇 종류의 비타민은 과다 복용할 경우 우리 몸 스스로 알아서 배출하지만, 그렇지 않은 것들도 있기 때문에 주의가 필요하다. 예를 들어 비타민 A는 과다 섭취할 경우 두통과 구토가 일어날 수 있고, 비타민 C는 호르몬 수치에 이상이 올 수 있다. 너무 많은 양의 비타민 D는 경련이나 담석을 유발하고, 비타민 E의 부작용은 구토, 메스꺼움, 위장 장애 등이며, B군에 속하는 몇몇 비타민은 과다 복용할 경우 가려움증이나 감각 상실 등을 일으킬 수 있다. 그런가 하면 특정 비타민이나 미네랄을 과다 섭취할 경우 다른 영양소의 흡수를 방해할 수 있다. 예를 들어 칼슘을 지나치게 섭취할 경우 아연의 흡수율이 상대적으로 떨어진다. 많은 전문가들이 합성 비타민의 위험성에 대해 경고하는 것도 그 때문이다. 포장지에 표시된 함유량은 최소한 그 이상이 들어 있다는 것을 나타낼 뿐, 실제로는 그보다 더 많은 양의 약제들이 포함되어 있다. 시간이 지나면 약효가 떨어질 것을 감안해 생산할 때 미리 기준량보다 더 많은 양을 함유시키는 것이다.

⬤ 비타민C가 가장 많이 든 음식은 레몬이다?

비타민 C가 가장 많이 든 음식은 서인도 제도에서 많이 자라는 아세로라체리$^{acerola\ cherry}$라는 과일이다. 아세로라체리 100그램에는 비타민C가 최대 3000밀리그램이나 들어 있다. 로즈힙$^{rose\ hip}$(100그램당 최대 2800밀리그램)과 산자나무 열매$^{sea\ buckthorn}$(100그램당 최대 1200밀리그램), 블랙커런트$^{black\ currant}$(100그램당 190밀리그램), 케일^{kale}(100그램당 105밀리그램), 키위(100그램당 100밀리그램), 붉은색 파프리카(100그램당 100밀리그램) 등도 비타민 C가 매우 풍부한 식품에 속한다. 반면 오렌지와 레몬은 비타민 C의 함유량이 100그램당 50밀리그램밖에 되지 않는다.

⬤ 독일에는 비타민 결핍 환자가 없다?

오래전부터 독일영양학회^{DGE}는 독일인들 중에는 비타민 결핍 환자가 없다고 주장해왔다. 하지만 어린아이들의 경우 비타민B와 엽산 결핍증에 쉽게 걸릴 수 있고, 나아가 철분(특히 여아의 경우), 요오드, 불소, 칼슘이 부족한 아동들도 적지 않은 것으로 드러났다. 그중에서 특히 엽산은 임산부라면 반드시 복용해야 할 필수 영양소에 속한다. 산모에게 엽산이 부족할 경우 척추갈림

증Spina bifida에 걸린 기형아가 태어날 수 있기 때문이다.

철분이 가장 많이 함유된 식품은 시금치이다?

스위스의 영양학자 구스타프 폰 붕게Gustav von Bunge(1844~1920)는 시금치 100그램에 30밀리그램 이상의 철분이 들어 있다고 주장했다. 하지만 붕게의 실험 결과를 의심한 몇몇 학자들은 재실험을 실시했고, 그 결과 시금치의 철분 함유량이 100그램당 30밀리그램이 아니라 3밀리그램이라는 사실을 밝혀냈다. 그러자 누군가 소수점을 잘못 찍는 바람에 철분 함유량이 잘못 알려졌다는 소문이 퍼져나갔다. 하지만 그 소문은 사실이 아니고, 붕게가 거짓말을 한 것도 아니었다. 붕게는 실험 당시 일반 시금치가 아닌 말린 시금치 100그램을 활용했다. 시금치의 수분 함유량이 약 90퍼센트인 점을 감안하면, 말린 시금치를 활용할 경우 원래 철분 함유량의 10배에 해당되는 수치가 나올 수밖에 없었던 것이다. 하지만 많은 이들이 이러한 사실은 전혀 모른 채 시금치야말로 철분의 보고寶庫라 믿고 있다. 그러나 실제로 철분이 많이 함유된 식품은 따로 있다. 콩과에 속하는 채소들, 견과류, 버섯류, 초콜릿 등은 100그램당 철분 함유량이 약 7밀리그램이나 된다고 한다. 반면 시금치는 철분 함유량이 그다지 높지 않은 편이고, 대신 비타민 A와 C가 풍부하다.

❂ 섬유질은 많이 섭취할수록 좋다?

섬유소를 많이 섭취하면 소화가 촉진되고 배변이 원활해지는 것은 사실이지만, 그렇다고 무조건 많이 먹어야 한다는 뜻은 아니다. 우리가 섭취한 식이 섬유의 일부는 대장에서 지방산으로 분해되는데, 섬유질을 과다 섭취할 경우 지방산과 더불어 악취를 풍기는 가스가 함께 생성되고 대장에도 무리가 갈 수 있다. 따라서 펙틴^{pectin}이나 밀기울$^{wheat\ bran}$이 함유된 영양제를 매일 복용하는 것은 바람직하지 않다. 소화가 잘 안 될 때 비상용으로만 복용하고, 평소에는 과일이나 채소 혹은 통밀로 만든 식품을 통해 섬유소를 섭취하는 것이 좋다. 한편, 섬유소는 비교적 최근에 발견된 성분이라 할 수 있는데, 그 이유는 섬유소가 생명 유지에 반드시 필요한 성분이 아니기 때문인 것으로 추정된다.

향신료와 첨가물

 딸기 향은 딸기에서 채취한다?

과일 향을 내는 향료의 원료들은 대개 박테리아나 균류에서 추출한다. 이는 천연 과일에서 추출한 원액으로 같은 강도의 향을 내기에는 비용이 너무 많이 들기 때문이다. 참고로 나무나 치즈 껍질, 생선 부속물 등을 발효시켜 만든 향도 천연 향료에 속한다. 따라서 톱밥을 발효시켜 채취한 딸기 향료나 메리골드 향이 가미된 오일에서 추출한 사과 향료 역시 천연 향료로 분류할 수 있다. 때문에 진짜 딸기와 냄새가 똑같다 해서 반드시 진짜 딸기로 만들었다고 장담할 수는 없다.

🏺 아동용 식품은 어린아이들의 필요에 맞게 제조된 것들이다?

아동용 식품이 일반 식품에 비해 더 달고, 더 알록달록하고, 크림이 더 많이 함유되어 있고, 포장지에 다양한 만화 주인공들이 인쇄되어 있다는 점만 보면 해당 제품들이 어린아이들의 필요에 맞게 제조된 것이라 할 수 있다. 하지만 그것은 어디까지나 아이들의 입맛과 눈을 사로잡기 위한 전략일 뿐, 영양소 면에서는 특별히 성장기 아동들의 필요에 맞춘 제품들이 아니다. 따라서 아이들의 건강을 생각한다면 차라리 설탕과 첨가물이 덜 들어간 일반 식품을 선택하는 편이 더 낫다.

🏺 비타민과 미네랄이 첨가된 식품이 몸에 더 좋다?

비타민과 미네랄이 첨가되어 있다는 문구는 소비자의 마음을 사로잡기 위한 것일 뿐이다. 관련 학자들은 인공 비타민과 미네랄로는 결코 비타민이 풍부한 음식을 섭취했을 때 나타나는 효과를 얻을 수 없다고 강조한다. 그뿐 아니라 원료의 특성을 고려하지 않고 무분별하게 인공 영양소들을 첨가할 경우에는 오히려 건강에 해로울 수도 있다. 그러한 현상은 특히 유제품 분야에서 두드러지는데, 이미 칼슘 함유량이 높은 식품에 다시 인공 칼슘을 첨가할 경우 칼슘 과다 섭취로 인한 부작용을 일으킬 수 있다.

🗑️ 식료품 제조 시에 들어간 성분들은 모두 다 포장지에 표시되어 있다?

식품 제조 업체들이 식료품 생산 시 활용된 재료들을 하나도 빠짐없이 포장지에 표시해야 하는 것은 아니다. 예컨대 커피의 카페인을 제거하기 위해 사용된 용해제나, 밀가루를 기계로 반죽하기 위해 첨가된 유화제 등 기술적 이유로 투입한 원료들은 굳이 표시하지 않아도 된다. 여러 가지 재료를 섞어서 만든 성분일 경우에도 모든 재료를 일일이 열거할 필요가 없다. 예를 들어 과일에 기타 성분을 섞어 만든 혼합 원료가 완제품에서 차지하는 비중이 25퍼센트 이하라면 '과일 혼합물'이라고만 표기해 주면 되는 것이다. 이에 따라 만약 플레인 요구르트를 제조할 때 요구르트 부분이 아니라 과일 원료에만 방부제를 섞었다면 해당 제품은 '무방부제 제품'으로 광고할 수 있다. 나아가 과일 분말은 '과일'로, 우유 분말은 '우유'로 표기할 수도 있다. 그런가 하면 동네 빵집에서 직접 구운 빵은 성분 표시 없이도 판매할 수 있는데, 사실 동네 빵집이라 해서 대형 제빵 업체보다 첨가물을 덜 사용하는 것은 아니다.

무설탕 제품에는 설탕이 전혀 들어 있지 않다?

'무설탕'을 표방하는 제품이라면 우리가 흔히 알고 있는 설탕, 즉 사카로오스^{saccharose}가 들어갈 수 없다. 대신 포도당이나 과당, 맥아당, 글루코오스 시럽 등은 얼마든지 활용할 수 있고, 소르비톨^{sorbitol}이나 만니톨^{mannitol}, 이소말토오스^{isomaltose}, 자일리톨^{xylitol}, 말티톨^{maltitol}, 락티톨^{lactitol} 등과 같은 설탕 대용품 역시 활용이 가능하다.

 식품 첨가 성분들 중 'E'로 시작되는 것들은 모두 다 인공 성분이다?

E로 시작되는 성분들 중에도 천연 성분이 없지 않다. 그러한 사례로는 연지벌레를 갈아서 말린 코치닐^{cochineal}(E120), 구아 분말$^{guar\ flour}$(E142), 파프리카 추출물$^{paprika\ extract}$(E160c), 비트 뿌리에서 추출한 즙$^{beetroot\ red}$(E162), 탄산칼슘$^{calcium\ carbonate}$(E170), 알루미늄$^{alumi-nium}$(E173), 은^{silver}(E174), 금^{gold}(E175), 아라비아 고무$^{gum\ arabic}$(E414), 셀룰로오스^{cellulose}(E460), 탄산칼륨$^{potassium\ carbonate}$(E501), 황산칼슘$^{calcium\ sulphate}$(E516), 수산화칼슘$^{calcium\ hydroxide}$(E526), 수산화암모늄$^{ammonium\ hydroxide}$(E527), 산화칼슘$^{calcium\ oxide}$(E529), 밀랍^{beeswax}(E901), 사람의 두발에서 추출

하는 L-시스테인염산 및 L-시스테인염산 일수화물^{L-cysteine}
hydrochloride & L-cysteine hydrochloride monohydrate(E920 & E921)
등이 있다.

 케첩에는 벌레의 피가 들어 있다?

케첩 제조사들은 절대 그렇지 않다며 강력히 반박하고 있고,
지금은 케첩의 착색료인 코치닐을 화학적으로 합성해서 사용하
고 있다. 하지만 예전에는 암컷 연지벌레를 건조시켜 추출한 색
소가 활용되었다. 참고로 케첩, 소시지, 마멀레이드, 사탕, 과자
등에 연지벌레 색소가 들어갔는지 아닌지를 판별하는 가장 쉬
운 방법은 식품 첨가물 목록을 확인하는 것이다. E120이라고
적혀 있으면 연지벌레 색소를 사용한 것이고, E124라고 적혀
있다면 합성 착색료를 사용한 것이다. 한편, 케첩이 미국에서 개
발된 식품으로 잘못 알고 있는 이들이 많은데, 19세기 중국에서
활용되던 켓샵^{鮭汁}이라는 소스가 케첩의 기원이라 한다. 지금은
케첩이라 하면 흔히 토마토케첩을 일컬으며 1869년 헨리 존 하
인즈^{Henry John Heinz}(1844~1919)가 최초로 개발했다.

빵과 푸딩

 통밀로 만든 빵이 몸에 더 좋다?

기본적으로는 옳은 말이다. 하지만 통밀에는 철분이나 아연, 칼슘, 마그네슘과 같은 영양소의 흡수를 방해하는 피틴산$^{phytin acid}$이 들어 있다. 피틴산은 장시간 숙성시키거나 가열하면 파괴되기 때문에 크게 걱정하지 않아도 된다고 하지만, 예컨대 호밀^{rye}에 함유된 피틴산을 없애려면 오븐에 넣기 전에 18~20시간이나 숙성시켜야 한다. 그런 불편함 때문에 실제로 이렇게 오랫동안 반죽을 숙성시키는 경우는 매우 드물고, 대개는 인공적인 방법으로 숙성 시간을 단축한다. 참고로 일반 밀^{wheat}은 자연 숙성 시간을 거쳐도 피틴산이 완전히 파괴되지 않는다. 밀가루 음식을 먹으면 소화가 잘 되지 않는다는 사람이 많은 것도 아마

그런 이유 때문일 것으로 추정되는데, 그런 이들에게는 스펠트밀spelt flour을 권장할 만하다.

크루아상의 발상지는 프랑스이다?

초승달 모양의 빵 크루아상croissant이 프랑스에서 시작된 것으로 오해하는 이들이 많은데, 크루아상의 발상지는 프랑스가 아니라 오스트리아이다. 기록에 따르면 1683년 오스만튀르크가 빈Wien을 공격할 때 개발되었다고 한다. 그 당시 빈의 제빵사들은 여느 날과 다름없이 빵을 구우려고 이른 새벽에 눈을 떴는데, 이내 분위기가 심상치 않다는 것을 깨달았다. 튀르크인들이 땅굴을 파서 빈을 함락시키려 한다는 것을 눈치챈 것이었다. 제빵사들은 그 사실을 즉시 군 당국에 알렸고, 오스트리아 군대는 발 빠른 대응으로 튀르크군을 물리쳤다. 이후 제빵사들은 그 사건을 기념하기 위해 초승달 모양의 빵을 굽기 시작했다. 참고로 프랑스가 크루아상의 '제2의 고향'이 된 것은 오스트리아의 공주 마리 앙투아네트 덕분이었다. 하지만 이후 프랑스인들은 초승달의 모양을 조금 변형했다. 지금의 크루아상이 완전한 초승달 모양이 아닌 것도 그 때문이라고 한다.

 **후추 빵에는 후추가 들어간다?**

주로 크리스마스 때 구워 먹는 달콤한 파이를 독일어로는 '후추 빵Pfefferkuchen'이라 부른다. 하지만 후추 빵에는 후추가 들어가지 않는다. 그럼에도 불구하고 이런 이름이 붙은 이유는 중세에는 후추가 이국적인 향신료를 통칭하는 말이었기 때문이다. 후추 빵을 구울 때 사용되는 재료는 매우 다양한데, 대표적인 재료들로는 계피cinnamon와 정향clove, 육두구 nutmeg, 카다멈cardamom, 고수coriander, 팔각star anise 등을 꼽을 수 있다. 자극적인 맛을 좋아하는 사람이라면 물론 후추 빵에 후추를 뿌려 먹어도 좋다.

레몬 껍질 조림과 오렌지 껍질 조림은 레몬과 오렌지 껍질로 만든 것이다?

레몬 껍질 조림은 불수감Citrus medica이라는 과일로 만들고, 오렌지 껍질 조림은 광귤Citrus aurantium L. 껍질로 만든다. 광귤 껍질은 오렌지마멀레이드를 만들 때나 리큐어liqueur의 일종인 쿠앵트로Cointreau를 주조할 때에도 쓰인다. 참고로 레몬 껍질 조림이나 오렌지 껍질 조림은 다른 요리를 만들기 위해 사용되는 재료일 뿐, 그 상태 그대로 먹을 수는 없다.

'마지팬'은 '마르치 파니스'에서 온 말이다?

마지팬^{Marzipan}이란 본디 설탕과 달걀, 아몬드 등을 섞은 반죽을 뜻하는데, 예쁜 모양의 과자나 케이크 장식물을 가리키는 말로 쓰이기도 한다. 그런데 '마지팬'이라는 말이 '성인 마크의 빵 St. Mark's bread'을 뜻하는 라틴어 '마르치 파니스^{marci panis}'에서 유래되었다는 상식은 잘못된 것이다. 그보다는 아랍어 '마타반 mawthaban'에서 유래되었다고 보는 편이 더 정확하다. 마타반은 '앉아 있는 주인^{sitting lord}'이라는 뜻인데, 원래는 앉아 있는 예수 상이 새겨진 동전을 가리키는 말이었다. 12세기에 접어들면서 마타반이라는 말이 베네치아로 전파되었고, 나중에는 1마타반을 지불하면 살 수 있는 작은 상자를 뜻하는 말이 사용되었으며, 14세기에 와서는 예쁜 모양의 과자나 케이크 장식물, 즉 마지팬이 든 작은 쿠키 상자를 가리키는 말이 되었다고 한다.

 흑설탕이 백설탕보다 몸에 좋다?

백설탕과 흑설탕의 정제 과정은 거의 동일하다. 흑설탕에는 당밀^{molasses}이 추가되었다는 차이밖에 없고, 당밀에 함유된 각종 미네랄은 양이 매우 적기 때문에 큰 의미를 부여하기는 어렵다. 참고로 원당^{raw sugar}은 비타민과 미네랄이 풍부한 편이지만,

맛이 매우 강렬하고 독특해서 거부감을 느끼는 이들이 적지 않다. 사실 다른 음식물을 통해 비타민과 미네랄을 충분히 섭취하는 사람이라면 굳이 설탕까지 몸에 좋은 것으로 고집할 필요는 없다.

포도당은 포도에만 함유된 성분이다?

포도당grape sugar은 포도에서 처음 발견되었기 때문에 포도당이라는 이름을 달게 되었지만, 사실 거의 모든 식물에 함유되어 있는 성분이다. 포도당의 학술적 명칭은 글루코오스glucose인데, 글루코오스는 식물의 광합성은 물론이거니와 인체의 신진대사에 있어서도 없어서는 안 될 필수 요소이다. 참고로 인공 글루코오스는 포도에서 추출한 것이 아니라 감자나 옥수수 전분을 합성해 만든 것이다.

푸딩은 오븐에 구워서 만든다?

오븐에 구울 수도 있지만 틀에 넣고 중탕을 해도 맛있는 푸딩을 만들 수 있다. 대표적인 중탕 푸딩은 흔히 '크리스마스 푸딩christmas pudding'이라 불리는 영국식 정통 플럼 푸딩plum pudding

이다. 참고로 푸딩이라 해서 무조건 달콤한 맛이 나는 것은 아니다. 초콜릿 푸딩이나 바닐라 푸딩처럼 단맛이 나는 푸딩도 있지만, 양파와 소의 신장 등을 넣은 키드니 푸딩^{kidney pudding}처럼 매우 '독특한' 맛을 내는 푸딩도 있다.

간식과 과일

 아이스크림을 먹은 뒤에 물을 많이 마시면 배탈이 난다?

아이스크림을 먹은 뒤에 물을 많이 마시면 배탈이 난다는 속설도 있고, 과일을 먹을 때 물을 많이 마시면 배탈이 난다는 속설도 있다. 후자의 경우에는 역사적 증거도 존재한다. 예전에는 식수에 미생물이 함유되어 있었고, 그 미생물 때문에 위 속의 과일이 발효 작용을 일으켜 배탈이 날 수도 있었던 것이다. 하지만 지금은 그런 걱정을 할 필요가 없어졌다. 아이스크림과 물을 함께 먹으면 배탈이 난다는 경고는 심지어 역사적 배경조차 없는 근거 없는 낭설에 불과하다.

 정통 누가는 카카오와 견과류로만 만든다?

정통 누가^{nougat}에는 카카오가 아예 들어가지 않는다. 동방에서 유래된 오리지널 누가는 끈끈한 백색 반죽과 거품을 낸 달걀 흰자, 가열한 꿀, 설탕 시럽, 구운 견과류 등으로 만든 것이었다. 이 방식으로 만들어진 정통 누가는 프랑스에서는 몽텔리마르누가^{montélimarnougat}, 스페인에서는 투론^{turrón}, 터키와 그리스에서는 할바^{halva}, 독일에서는 터키 꿀$^{Türkischer\ Honig}$로 불렸다. 참고로 요즘 독일인들이 말하는 누가는 견과류와 카카오를 섞어 만든 것인데, 이탈리아에서는 잔두이아^{gianduia}, 프랑스에서는 프랄리네^{praliné}라고 불린다.

껌의 발상지는 미국이다?

인류는 석기 시대부터 이미 무언가를 씹기 시작했다. 고대 그리스인들은 유향수^{mastic}의 수지樹脂를 씹었고, 유럽 중부와 북부 사람들은 자작나무 수지를 껌처럼 씹었다. 그런가 하면 마야 인디언들은 사포딜라^{sapodilla}의 우윳빛 수액인 치클^{chicle}을 씹었다. 공장에서 처음으로 껌이 생산된 것은 1848년부터였는데, 가문비나무의 수액과 밀랍을 혼합한 것이었다. 껌이 본격적으로 상품화되기 시작한 것은 1875년 이후로 치클에 감초나 페퍼민트 등의 향을 첨가하면서 대중들의 인기를 얻게 되었다. 참고로 약 40년 전부터는 화학적 합성 원료가 천연 치클을 대신하고 있다고 한다.

‘퓌르스트 퓌클러 파이’는 원래 초콜릿과 딸기 그리고 바닐라 맛으로 출시되었다?

‘퓌르스트 퓌클러Fürst Pückler’라는 이름을 달고 출시된 아이스크림 파이는 원래 초콜릿 맛과 딸기 맛 그리고 마라스키노 체리maraschino cherry로 만든 크림 향이 들어간 것들이었다. 사실 세 가지 맛 모두 이탈리아의 증류주인 아마레토amaretto와 마라스키노를 혼합한 재료에다 휘핑크림을 씌운 것이었다. 해당 제품의 창시자는 베를린에 거주하던 슐츠Schulz라는 이름의 제과업자로, 헤르만 퓌르스트 폰 퓌클러무스카우Hermann Fürst von Pückler-Muskau(1785~1871) 백작의 이름을 빌려 자신의 발명품을 출시했다.

저칼로리 간식은 먹어도 살이 찌지 않는다?

해당 제품의 제조 업자들은 저칼로리 간식은 아무리 먹어도 살이 찌지 않는다고 주장하고 싶겠지만, 실상은 그와 정반대이다. 저칼로리 간식을 만들 때 들어가는 원료 중에는 심지어 일반 원료보다 지방 함유량과 칼로리가 더 높은 것들도 적지 않다. 예컨대 일반 초콜릿, 즉 밀크 초콜릿은 100그램당 550칼로리인 반면, 아몬드나 코코넛 분말이 들어간 초콜릿들은 열량이 650칼로리나 된다. 그런데 '저칼로리light'라는 이름을 단 군것질거리들의 진짜 문제는 열량이 아니다. 그보다는 저칼로리라는 말만 믿고 '별 생각 없이lightly' 많이 먹는 것이 더 큰 문제다. 참고로 카카오 함유량이 매우 높은 다크 초콜릿도 열량은 일반 초콜릿과 큰 차이가 없지만, 지나치게 진하고 쓴맛 때문에 많이 먹지 않게 된다. 그런 점을 감안하면 다크 초콜릿이야말로 진정한 저칼로리 식품이라 할 수 있다.

 **갈변된 사과는 썩은 사과이다?**

잘라놓은 사과, 한 입 베어 물다 만 사과에는 금세 갈색의 얇은 막이 형성된다. 흔히 '갈변'이라 부르는 이 현상은 절단 부분에 균류나 세균이 침투하지 못하도록 형성되는 것인데, 보기에는 안 좋을지 몰라도 인체에는 전혀 해롭지 않다. 해당 부분을 굳이 잘라내지 않고 그대로 먹어도 체내에서 소화되지 않고 다

시 배출되기 때문이다. 사실 감자나 토마토, 오이, 당근 등도 자른 채로 놓아두면 사과와 비슷한 종류의 막이 형성되는데, 우리 눈에는 잘 보이지 않을 뿐이다. 참고로 갈변되지 않은 사과를 먹고 싶다면 잘린 부위에 레몬즙을 살짝 발라두면 된다.

야생 열매를 따먹지 말라는 이유는 다방조충 때문이다?

다방조충^{fox tapeworm}은 여우에 기생하는 촌충의 일종인데, 여우의 배설물에 포함된 다방조충의 알에 감염되면 목숨을 잃을 수도 있다고 한다. 하지만 실제로 야생 열매를 먹다가 다방조충 때문에 사망하는 경우는 극히 드물다. 독일의 경우, 연간 12명 정도가 다방조충에 감염되어 목숨을 잃는데, 그중 대부분은 농업 종사자이거나 애완견을 키우는 이들이다. 나아가 다방조충에 감염되었다 하더라도 대부분은 화학 치료로 다스릴 수 있다. 그런데 다방조충의 알이 야생 열매에만 묻어 있는 것은 아니다. 요즘은 여우들이 산 속에만 사는 것이 아니라 도심의 공원이나 일반 가정의 정원에도 출몰하고 먹이를 찾아 채소밭으로 내려오는 경우도 있기 때문이다. 따라서 이파리 채소를 먹을 때에도 약간의 주의가 필요하지만, 다행히 흐르는 물에 깨끗이 씻으면 다방조충의 알은 모두 떨어져 나가므로 크게 염려할 정도는 아니고, 60도 이상으로 가열하면 모두 파괴되니 더더욱 안심해도 좋다고 한다.

생선과 육류

 러시아산 검은색 캐비아가 최상의 캐비아이다?

진짜 캐비아, 즉 철갑상어의 알은 원래 투명하고 밝은 색으로, 소금에 절이면서 저장 기간도 길어지고 색깔도 짙게 변하는 것이다. 그런데 캐비아 중에서도 최고의 명품이라 하는 벨루가 캐비아^{beluga caviar}는 검은색이 아니라 회색빛을 띤다. 러시아산 캐비아가 최상의 캐비아라는 말도 틀린 말이다. 최고급 캐비아는 러시아산이 아니라 이란의 카스피 해 연안에서 잡힌 철갑상어의 알로 만든 캐비아이다. 그 지역의 바닷물이 특히 더 깊고 맑기 때문이다. 참고로 캐비아는 대개 색상이 밝고 알이 클수록 고급으로 간주된다. 한편, 독일 슈퍼마켓에서 흔히 볼 수 있는 저렴한 캐비아는 도치^{lumpfish}의 알을 가공해서 만든 것으로, 원래는 붉은색인데 통상 검은색으로 가공해서 판매되고 있다.

 '수리미'는 게살로 만든다?

흔히 '맛살'이라 부르는 수리미surimi는 게살처럼 보이지만 게살이 아니라 크릴새우나 기타 생선들로 만든 제품이다. 수리미를 만들 때에는 우선 생선의 내장과 뼈를 손질한 뒤 분쇄하고, 거기에 설탕을 첨가한 뒤 연육 상태로 만들며, 마지막으로 파프리카 추출물로 색을 입힌다. 그런데 원래 수리미라는 말은 생선 살로 만든 연육 제품이 아니라 분쇄한 생선 살에 설탕을 첨가해 저장 기간을 늘리는 가공 방식을 가리키는 말이다.

 '마트예스청어'란 일반 청어를 소금에 절인 요리를 가리키는 말이다?

마트예스청어Matjeshering는 요리 이름이 아니라 청어의 한 종류를 가리키는 말이다. 마트예스청어는 주로 5월과 6월에 많이 잡히는데, 이때가 산란을 하기 전이고 지방 함유량도 15~20퍼센트로 가장 먹기 좋은 때이다. 참고로 마트예스청어의 내장을 손질할 때 췌장은 그대로 놓아두어야 하는데, 췌장에 함유된 효소가 발효되면서 마트예스청어 특유의 향이 발산되기 때문이다. 한편, 마트예스청어는 깨끗이 손질한 뒤 약간의 소금을 뿌려 닷새 동안 숙성시키면 최고의 맛을 즐길 수 있다고 한다.

조개는 알파벳 'r'이 들어가는 달에만 먹는 것이 좋다?

조개류 전체가 아니라 홍합에만 해당되는 말이다. 대서양과 북해 연안에서 잡은 홍합은 알파벳 'r'이 들어 있지 않은 달, 즉 5~8월^{May, June, July, August} 사이에는 되도록 먹지 말라고 하는데, 그 이유는 그 기간 동안 독성 플랑크톤을 먹고 자란 홍합 안에 패독貝毒이 축적되어 있을 수 있기 때문이다. 하지만 지중해산 홍합은 패독의 위험이 없으므로 5~8월 사이에도 안심하고 먹어도 좋다.

흰 살 육류가 붉은 살 육류보다 몸에 좋다?

현재, 어떤 고기가 흰 살 육류이고 어떤 고기가 붉은 살 육류인지를 구분하는 기준도 제대로 마련되어 있지 않다. 어떤 이들은 가금류를 흰 살 육류로, 돼지고기나 소고기, 양고기 등은 붉은 살 육류로 구분하고 있지만, 사실 거위의 다리 살이 송아지 커틀릿보다 훨씬 더 붉다. 내용물을 분석해서 어느 편이 더 몸에 좋은지를 구분하는 방법도 간단하진 않다. 칠면조 스테이크와 비프스테이크 중 어느 쪽이 몸에 더 좋다고 딱 잘라서 말하기가 쉽지 않기 때문이다. 참고로 미국의 일부 학자들은 실험 결과 적색육이 백색육보다 인체에 더 유익한 것으로 나타났다고 발표했는데, 해당 학자들은 아마도 돼지고기나 소고기를 가공할 때 아질산염^{nitrite}을 첨가하는 경우가 많다는 점을 간과한 듯하다. 아질산염은 인체에 매우 유해한 성분으로, 장기간 섭취하면 온갖 부작용을 일으킬 수 있다.

 '아이스바인'은 얼음과 전혀 상관없는 요리이다?

아이스바인^{Eisbein}은 돼지 허벅지 살을 맥주에 푹 삶아서 만든 베를린의 대표적 요리이다. 그런데 아이스바인$^{Eis-Bein}$이라는 말이 얼음을 뜻하는 아이스^{Eis}와 다리를 뜻하는 바인^{Bein}이 결합된 단어이긴 하지만, 아이스바인은 차갑게 먹는 음식이 아니라 뜨거울 때 먹어야 제맛인 음식이다. 그렇다고 아이스바인과 얼음 사이에 연관성이 전혀 없는 것은 아니다. 예전에는 돼지 허벅지 뼈로 썰매를 만들었고, 그 때문에 돼지 허벅지 뼈가 '얼음 다리'로 불리게 된 것이다.

송아지 간 소시지에는 반드시 송아지 간이 들어간다?

고기의 간^肝으로 만든 소시지, 즉 레버부르스트^{Leberwurst}는 분쇄한 고기에 소의 간을 섞어 만든 음식으로, '소시지'라는 이름과는 달리 주로 버터처럼 빵에 발라 먹는다. 그런데 그중 간이 차지하는 비중은 10~15퍼센트밖에 되지 않는다. 간으로만 만들면 맛이 너무 자극적이고 육질도 지나치게 단단해져서 빵에 발라 먹기에 불편할 수 있기 때문이다. 한편, '송아지 간 소시지' 즉 칼프스레버부르스트^{Kalbsleberwurst}를 만들 때 들어가는 간이 송아지 간이라 생각하는 이들이 많은데, 어떤 고기의 간이라도 상관없으며 주로 돼지고기의 간이 값싸다는 이유로 많이 활용된다. 하지만 돼지고기 간으로 만든 레버부르스트는 육질이 단단해서 빵에 발라 먹기보다는 고기처럼 구워 먹기에 더 적합하다. 참고로 '가금류 간 소시지^{Geflügelleberwurst}'도 가금류의 간이 아니라 가금류의 살코기로 만든 것이다.

레버케제와 촙 수이

🥖 프랑크푸르트소시지와 비엔나소시지는 같은 음식이다?

그렇게 볼 수도 있고 아닐 수도 있다. 둘 다 얇고 기다란 모양의 소시지인데, 둘의 차이는 아직 정확히 규명되지 않았다. 두 소시지의 기원은 프랑크푸르트에서 돼지고기만 사용해서 만든 소시지였다. 이후, 프랑크푸르트의 정육 업자 요한 게오르크 라너Johann Georg Lahner(1772~1845)가 해당 음식을 빈Wien, 즉 '비엔나'에 소개했는데, 당시 라너가 제조한 소시지는 30퍼센트의 소고기가 혼합된 것이었다. 프랑크푸르트에서는 소고기와 돼지고기를 섞어서 식품을 제조할 수 없다는 법 때문에 두 고기를 혼합할 수 없었다. 참고로 오늘날 독일에선 프랑크푸르트에서 만든 소시지만 '프랑크푸르트소시지'라는 이름으로 출시되고 있으며, 나머지 소시지들은 비엔나소시지로 간주한다. 반면 오스트리아를 포함한 나머지 대부분 국가에서는 원료에 소고기가 들어갔든 안 들어갔든 '프랑크푸르트소시지'라는 이름을 더 선호한다. 그런데 소시지의 이름을 둘러싼 이 문제를 더 골치 아프게 만드는 이야기가 한 가지 있다. 베를린에 살고 있던 비너^{Wiener1)}라는 이름의 정육 업자가 비엔나소시지의 개발자라는 이야기인데, 더러는 비엔나 출신의 정육 업자 프랑크푸르터^{Frankfurter2)}의 이름이 함께 거론되기도 한다.

레버케제'에는 간^肝 고기가 들어간다?

현대 독일어로만 따지자면 레버케제^{Leberkäse}는 간^{Leber}과 치즈^{Käse}가 결합된 말이다. 실제로 레버케제에 약간의 간 고기가 들어갈 때도 없지 않다. 하지만 여기서 말하는 '레버'는 사실 '간'이라는 뜻이 아니라, 고깃덩어리^{loaf}를 뜻하는 라이프^{Laib}에서 온 말이다. 그런데 '레버'보다 더 큰 문제는 '케제'에 있다. 이름과는 달리 레버케제에는 치즈가 전혀 들어 있지 않기 때문이

---

1) '비엔나의' 혹은 '비엔나 사람'이라는 뜻.
2) '프랑크푸르트의' 혹은 '프랑크푸르트 사람'이라는 뜻.

다. 치즈처럼 부드럽게 갈아놓은 고기라는 뜻에서 케제라는 명칭이 붙은 것으로 추정하고 있을 뿐이다. 참고로 '송아지 치즈'를 뜻하는 '칼프스케제Kalbskäse'에도 송아지 고기는 들어가지 않는다. 칼프스케제는 특별히 밝은 색의 레버케제를 가리키는 말일 뿐이다.

🪶 카셀식 갈비구이는 카셀에서 시작된 요리이다?

카셀Kassel은 독일 중부에 위치한 도시이다. 그런데 카셀은 카셀식 갈비구이Kasseler Rippchen의 본고장이 아니다. 그럼에도 불구하고 요리 이름에 '카셀'이 들어가는 이유는 베를린 출신의 정육 업자 카셀Cassel 때문이다. 돼지고기에 약간의 소금 간을 해서 살짝 훈제한 요리를 개발한 사람이 바로 카셀이었던 것이다. 한편, 과일 잼이 들어간 파이의 일종인 린처 토르테Linzer Torte와 관련해서도 유사한 속설이 존재한다. 오스트리아의 린츠Linz라는 도시에서 시작되었기 때문이 아니라 린츠Linz라는 제과 업자가 개발했기 때문에 그런 이름이 붙었다는 것이다. 하지만 '린처 토르테'라는 명칭은 분명 1696년 린츠에서 처음 거론되었고, 이후 요한 콘라트 포겔Johann Konrad Vogel (1796~1883)이라는 제과 업자 덕분에 큰 인기를 끌게 된 것이다.

'춉 수이'는 전형적인 중국 요리이다?

'춉 수이chop suey'의 원래 의미는 '섞어놓은 음식 찌꺼기'이지만 지금은 요리 이름으로 사용되고 있다. 미국에 주재하던 중국 대사관 직원들이 개발한 음식인데 서양인들에게도 선풍적 인기를 끌었고, 이제는 서구의 중식당 가운데 춉 수이를 판매하지 않는 음식점이 거의 없다. 참고로 '나시 고렝nasi goreng'도 중국 요리로 알고 있는 사람이 많은데, 나시 고렝은 인도네시아식 볶음밥이다.

중국인들은 제비집을 먹는다?

중국과 베트남에서는 실제로 제비집 요리가 별미로 통한다. 하지만 요리 명칭과 달리 제비집 요리에 사용되는 재료는 제비의 집도 아니고, 거기에서 말하는 집이 짚과 흙으로 만든 둥지도 아니다. 제비집 요리를 만들 때 사용되는 둥지는 흰집칼새swiftlet를 비롯해 칼샛과Apodidae에 속하는 몇몇 조류의 둥지인데, 그 새들은 타액선에서 분비된 끈끈한 점액으로 새하얀 빛깔의 둥지를 만든다고 한다. 참고로 칼새의 최대 서식지는 말레이시아이다.

'케밥'은 터키에서 처음 시작된 음식이다?

요즘 독일인들이 즐겨 먹는 '케밥^{Kebab}', 즉 꼬챙이에 끼운 채 빙빙 돌려 구운 양고기와 각종 채소를 빵 안에 채운 뒤 소스를 뿌려 먹는 음식은 1970년경에 개발된 것이다. 그런데 케밥 전문가들도 이 음식이 이스탄불에서 처음 시작되었는지 베를린에서 시작된 것인지 잘 모르겠다고 말한다. 한편, 터키 사람들은 18세기부터 빙빙 돌아가는 길쭉한 꼬챙이, 즉 되네르^{Döner}에 구운 고기를 잘라서 먹기 시작했다고 한다. 하지만 케밥은 본고장인 터키인들보다 독일인들이 더 즐겨 먹는 패스트푸드가 되었다. 참고로 독일인들은 하루 평균 250톤의 케밥을 소비하고 있다고 한다.

햄버거는 함부르크와 아무 상관이 없는 음식이다?

영어를 할 줄 아는 많은 사람들이 햄버거의 '햄'이 돼지의 넓적다리나 엉덩이 살을 훈제해서 만든 '햄^{ham}'을 뜻한다고 생각한다. 치즈버거에 치즈가 들어가고 치킨버거에 치킨이 들어간다는 점을 감안하면, 누구나 충분히 할 수 있는 착각이다. 하지만 조금만 생각해 보면 햄버거에는 햄이 들어가지 않는다는 것을 알 수 있다. 사실 햄버거라는 이름은 한자 동맹 도시인 함부르크

Hamburg에서 유래된 것이다. 19세기에 독일계 미국 이민자들이 잘게 다진 고기를 납작하게 눌러서 구운 스테이크를 즐겨 먹었는데, 그것이 햄버거 속 패티patty로 사용되면서 햄버거라는 이름이 등장한 것이다.

국수와 버섯

 '라클레트'와 '퐁뒤'는 같은 음식이다?

라클레트^{raclette}와 퐁뒤^{fondue}는 둘 다 치즈를 녹여 먹는다는 점에서는 분명 닮은 음식이다. 하지만 라클레트는 녹인 치즈에 감자나 양파를 찍어 먹는 반면, 퐁뒤는 빵 조각을 찍어 먹는다는 차이점이 있다. 두 요리 모두 스위스에 가면 반드시 먹어야 할 요리로 손꼽히고 있다. 그런데 《아스테릭스, 스위스에 가다 $_{Asterix\ in\ Switzerland}$》를 본 사람이라면 라클레트 요리에 대해 거부감이 들 수도 있다. 거기에는 라클레투스^{Raclettus}라는 이름의 통치자가 등장하는데, 라클레투스는 퐁뒤를 먹으면서 게임을 즐기는 인물이었고, 녹인 치즈 속에서 빵 조각을 찾지 못하는 사람에게는 회초리와 채찍으로 벌을 주는 것으로도 모자라 나중에는 무거운 물건을 매달아 바다에 빠뜨리기까지 했다.

유럽인들은 마르코 폴로 덕분에 파스타를 알게 되었다?

유럽인들이 마르코 폴로 덕분에 파스타^{pasta}를 알게 되었다는 말은 낭설일 가능성이 높다. 고대 로마인들과 지중해 동부 지역 사람들도 이미 누들 요리를 즐겨 먹었기 때문이다. 참고로 국수의 기원은 중동 지방으로 추정되지만, 중국인들 역시 수천 년 전부터 면 요리를 먹어왔다. 사실 마르코 폴로가 실제로 중국 땅을 밟았는지 여부는 지금도 확실히 밝혀지지 않고 있다. 만약 중국에 갔다 하더라도 그 당시 처음으로 면 요리를 접한 것은 분명 아니었을 것이다. 한편, 누들에도 다양한 종류가 있는데, 그중 스파게티만큼은 마르코 폴로가 중국에서 이탈리아로 전파한 게 확실하다고 주장하는 이들이 있다. 원나라에서 스파게티를 처음 접했고, 맛있었던 기억 때문에 특별히 자신의 나라인 이탈리아에 소개했다는 것이다. 하지만 그 역시 확인되지 않은 소문에 불과하다. 이탈리아인들은 그 이전에 이미 스파게티를 알고 있었고, 게다가 원나라 사람들이 먹던 국수는 밀가루가 아니라 쌀로 만든 것이었다.

삶을 때 물에 기름을 첨가하면 면이 들러붙지 않는다?

끓는 물에 기름 몇 방울을 첨가해봤자 아무 효과도 나지 않는다. 면들이 서로 들러붙지 않게 하려면 그보다는 삶은 면을 찬물에 헹군 뒤 기름 몇 방울을 뿌려서 잘 섞어주는 편이 더 효과적이다.

패스트푸드는 모두 다 몸에 좋지 않다?

본디 '패스트푸드fast food'란 주문하면 바로 나오고 먹는 데에도 많은 시간이 걸리지 않는 음식을 통칭하는 말이고, 영양소에 관한 가치 평가는 거기에 전혀 포함되어 있지 않다. 그런 의미에서 볼 때 심지어 과일이나 채소도 금방 먹을 수 있다는 면에서는 패스트푸드로 분류할 수 있다. 뿐만 아니라 우리가 '패스트푸드'라는 말을 들으면 금세 떠올리는 음식들, 즉 햄버거나 케밥 등이 굴라시Goulash나 커틀릿보다 몸에 나쁘다는 증거도 없다. 단, 패스트푸드를 주식으로 먹거나 간식 삼아 지나치게 많이 먹을 경우에는 문제가 생길 수 있다. 예를 들면 대표적인 패스트푸드인 햄버거는 주식으로 먹기에는 영양소가 너무 부족하고, 간식이라 하기에는 지방 함유량과 칼로리가 너무 높기 때문이다.

독일 땅에서 재배한 신선한 토마토가 수입된 통조림 토마토
보다 몸에 좋다?

채소나 과일은 대개 신선한 상태로 먹는 편이 저장한 상태로
먹는 것보다 더 좋다. 하지만 적어도 토마토만큼은, 그러한 원칙
이 적용되지 않는다. 보통 통조림용 토마토들은 대부분 일조량
이 풍부한 지역에서 재배된 것들로, 완전히 익은 상태에서 수확
하며, 수확한 즉시 통조림이나 퓌레로 가공된다. 반면 일조량이
부족한 곳에서 재배한 토마토들은 통조림 토마토만큼 튼실하지
못하고, 맛도 뒤처지며, 무엇보다 비타민 함유량도 통조림 토마
토를 따라가지 못한다고 한다.

 그물버섯은 안심하고 먹어도 된다?

야생에서 채취한 버섯을 함부로 먹으면 안 된다는 것은 모두
가 알고 있는 상식이다. 하지만 독일인들은 적어도 그물버섯과
^{Boletaceae}에 속하는 버섯들은 안심하고 먹어도 된다고 생각한
다. 실제로 그물버섯과에 속하는 버섯들은 대체로 독이 없는 안
전한 버섯들이기는 하지만, 세상만사가 그러하듯 여기에도 예외
는 존재한다. 예컨대 쓴맛그물버섯$^{Tylopilus\ felleus}$은 이름 그대로
쓰기가 이루 말할 수 없고, 다량을 섭취할 경우 식중독에 걸릴

수도 있다. 마귀그물버섯^{Boletus satanas} 역시 이름에 걸맞게 심각한 위장 장애를 일으킬 수 있다. 그런가 하면 독그물버섯^{Boletus luridus}은 이름과는 다르게 날것으로만 먹지 않으면 인체에 유해하지 않고, 게다가 맛도 매우 탁월하다.

 ## 버섯 요리는 재가열하면 안 된다?

버섯은 수분과 단백질 함유량이 높으면서 쉽게 상하는 식재료에 속한다. 따라서 되도록이면 구입한 뒤 단기간에 먹는 것이 좋지만, 버섯이 들어간 요리를 재가열한다고 해서 특별한 문제가 발생하는 것은 아니다. 먹다가 남은 요리를 냉장 보관만 한다면 별문제는 없기 때문이다. 반면 시금치는 여러 번 재가열하거나 오랫동안 상온에 놓아두면 문제가 될 수 있다. 발암 물질인 니트로사민^{nitrosamine}이 생성되기 때문이다. 하지만 상온에 보관한 시금치에서 발생하는 니트로사민의 양은 아질산염이 첨가된 베이컨을 구웠을 때 발생하는 양보다는 적다.

 ## '마기 소스'는 '러비지'로 만든 소스이다?

'마기^{Maggi}'는 다양한 종류의 소스와 육수용 고형^{固形}, 인스턴

트 수프 등을 생산하는 업체의 이름이다. 그중에서도 특히 '마기 소스Maggi-Würze'는 어떤 요리에든 사용할 수 있는 '만능 요리사'로 소비자들 사이에서 큰 인기를 끌고 있는데, 많은 이들이 마기 소스가 러비지lovage로 만든 것이라 착각하고 있다. 러비지가 독일어로 '마기크라우트Maggiekraut'여서 그런 오해가 생긴 것이다. 그런데 마기 소스는 러비지와는 전혀 상관없고, 오히려 아시아의 간장과 더 비슷하다. 식물성 단백질과 물, 소금, 효모를 섞어 만든다는 점에서 곡물성 단백질과 효모 그리고 소금을 더해서 만드는 간장과 매우 유사하다고 볼 수 있다.

콜라와 커피

 **슈퍼마켓에서 파는 생수가 수돗물보다 몸에 좋다?**

슈퍼마켓에서 파는 생수 중에도 수돗물로 만든 제품이 적지 않다. 법에 명시된 기준만 충족시키면 '생수'라는 이름을 달고 판매될 수 있는데, 독일 법은 수돗물로 제조한 물도 생수라는 이름을 달 수 있도록 허용하고 있다. 실제로 몇몇 값비싼 생수들은 수질이 좋은 지역의 수돗물로 제조되고 있다. 거기에다 각종 미네랄이나 탄산을 섞어서 소비자들에게 판매하는 것이다. 사실 요즘은 수돗물의 품질이 상당히 개선되었기 때문에 굳이 생수를 사서 마실 필요는 없다. 단, 수돗물을 식수로 활용할 때 주의해야 할 사항이 몇 가지 있다. 첫째, 수돗물 속 질산염nitrate 농도가 높은 지역에 살고 있다면 성인들은 어떨지 몰라도 최소한 아

이들에게는 수돗물을 먹이지 않는 것이 좋고, 수도관이 납^{lead}으로 되어 있는 가정에선 식수로 사용하기 전에 충분한 양의 물을 흘려보내야 한다. 그래도 도저히 안심이 안 된다면 생수나 광천수$^{mineral\ water}$를 구입해 마시는 수밖에 없겠지만, 이때도 주의가 필요하다. 몇몇 생수에는 나트륨이 함유되어 있는데, 나트륨을 과다 섭취하면 각종 질병이 유발될 수 있기 때문이다.

☕ 증류수를 마시면 목숨을 잃을 수 있다?

증류수$^{distilled\ water}$에는 인체에 반드시 필요한 영양소들이 포함되어 있지 않다. 증류수를 마시면 목숨을 잃을 수 있다는 말도 그 때문에 나온 것이다. 하지만 다른 음식은 일체 입에 대지 않고 증류수만 마시며 다이어트를 하는 사람이 아니라면 증류수 때문에 목숨을 잃지는 않는다. 그렇다고 일부러 증류수를 고집할 필요도 없다. 증류수만 마시면 염분 결핍으로 인한 부작용에 시달릴 수 있기 때문이다.

☕ 코카콜라는 코카인과 아무 관계가 없는 음료이다?

'코카콜라'라는 명칭은 코카나무$^{Erythroxylum\ coca}$의 이파리와 콜라나무^{Cola acuminata}의 씨앗을 활용한 데에서 비롯되었다. 둘 다 카페인을 함유하고 있는데, 특히 코카나무 이파리는 코카인의 원료가 되기도 한다. 콜라는 본디 1886년 애틀랜타 출신의 약제사가 환자들의 두통과 만성 피로를 완화해주기 위해 코카나무 잎과 콜라나무 씨앗을 섞어서 제조한 약품이었다. 하지만 1903년부터는 코카나무 잎만 이용해 콜라를 만들기 시작했다. 코카나무 잎에서 코카인 성분을 제거한 뒤 콜라의 원료로 활용한 것이다. 참고로 지금 우리가 알고 있는 콜라 특유의 맛은 콜라나무의 씨앗에 바닐라 향, 계피 향, 레몬 향, 정향 등을 추가해 합성한 것이라고 한다.

☕ 고기를 하룻밤 콜라에 재어두면 육질이 부드러워진다?

고기를 하룻밤 동안 콜라에 재어두면 고기의 맛만 떨어질 뿐이다. 물론 콜라도 마실 수 없게 된다. 한편, 녹슨 못을 하룻밤 동안 콜라에 재어두면 콜라에 함유된 인산^{phosphoric acid} 덕분에 녹이 말끔히 제거된다고 한다.

🍵 운동 후에 이온 음료를 마시면 미네랄이 보충된다?

우리가 흔히 '이온 음료'라 부르는 음료수의 정식 명칭은 '아이소토닉 음료isotonic drink'이다. 그런데 이온 음료를 마시면 운동 후에 결핍된 각종 미네랄을 보충할 수 있다는 말은 제조 업체의 광고쯤으로 여기는 것이 좋다. 운동으로 인해 소실되는 미네랄의 양이 그리 많지 않기 때문이다. 즉 매우 오랜 시간 동안 운동을 하지 않는 이상 미네랄이 결핍되는 사태는 일어나지 않는 것이다. 운동으로 인해 흘리는 땀의 양도 우리가 생각하는 것보다 훨씬 적다. 예컨대 무더운 여름날, 아무리 열심히 뛰어봤자 건축 공사장의 인부보다 더 많은 양의 땀을 흘리지는 않는다. 한편, 강도 높은 운동을 장시간 할 때에도 미네랄이 함유된 레모네이드보다는 탄산이 들어 있는 사과 주스나 수박 주스가 더 도움이 된다고 한다.

🍵 커피의 고향은 남아메리카이다?

커피콩의 고향은 남아메리카가 아니라 동아프리카이다. 에티오피아의 카파Kaffa에 살던 수도사들이 4세기경부터 커피콩을 분쇄해서 음료의 재료로 사용하기 시작한 것이다. 남아메리카에는 18세기에 전파되었고, 이후 급속도로 남미 농업의 주산물로

자리 잡았다. 현재 세계 최고의 커피콩 생산지는 남미 국가인 브라질이고, 아시아의 베트남이 그 뒤를 잇고 있다. 참고로 베트남이 세계 제2의 커피 생산국으로 발돋움할 수 있었던 것은 동독 정부가 1977년부터 커피콩 재배를 강력하게 지원한 덕분이라 하는데, 그 과정에서 커피는 베트남 현지인들도 즐겨 마시는 음료로 발전했다. 단, 서구에서 커피콩 씨앗을 사들이느라 너무 많은 외화를 낭비해 문제가 되기도 했다.

☕ 원두는 커피나무의 씨앗을 가리키는 말이다?

'원두'는 커피나무의 씨앗이 아니라 체리처럼 생긴 열매를 가리키는 말이다. 커피나무의 열매를 아랍어로는 '분나bunna'라고 하는데, 지금도 에티오피아에서는 커피를 분나라 부른다. 하지만 아라비아인들은 커피를 '잠을 쫓는 음료'라는 뜻의 '카화qahwa'라 부르기 시작했고, 그 말이 결국 오늘날의 '커피'로 발전했다. 참고로 원래 원두의 색깔은 벽돌색이지만 말리는 과정에서 점점 더 검은색으로 변한다고 한다.

☕ '커피 크리머'는 원래부터 커피를 위해 개발된 것이다?

1856년, 달콤한 맛에 저장 기한이 무제한인 농축유^{concentrated} ^{milk}가 시장에 출시되었다. 아이들의 성장 발달을 촉진시킨다는 취지에서 개발된 음료였다. 그런데 어느 날 갑자기 농축유가 변신을 시도했다. 곰돌이 마크를 단 채 커피 크리머$^{non-dairy}$ ^{creamer}로 둔갑한 것이었다. 당시 그 광고를 본 소비자들은 지금 우리가 상상하는 것보다 훨씬 더 큰 충격을 받았다. 참고로 해당 제품을 출시한 기업은 스위스의 베른^{Bern}에 소재한 '알펜밀히^{Alpenmilch}'였다. 즉 곰이 베른을 상징하는 동물이었기 때문에 제품의 로고로 채택된 것이었다.

차와 와인

🍄 커피에는 카페인이 들어 있고 차에는 테인이 들어 있다?

예전에는 차^{tea}에 들어 있는 카페인을 특별히 테인^{theine}이라 부르기도 했지만 지금은 카페인으로 통일해 부르고 있다. 참고로 커피 한 잔과 차 한 잔에 함유된 카페인의 양은 둘 다 50밀리그램 정도로 동일하다(지나치게 진한 커피는 카페인 함량이 더 높음). 한편, 찻잎에는 테아닌^{theanin}, 테오필린^{theophylline} 그리고 떫은 맛을 내는 카테킨^{catechin}도 포함되어 있는데, 테아닌은 카페인을 중화시켜주는 작용을 하고, 테오필린은 기관지의 염증을 완화시키며, 카테킨은 소화에 도움이 된다고 한다. 단, 카테킨은 찻잎을 오래 우렸을 때에만 소화 촉진 효과를 발휘한다.

영국에서 '애프터눈 티'를 즐기려면 오후 5시에 식당에 가야 한다?

영국인들이 말하는 '애프터눈 티afternoon tea'는 차와 함께 즐기는 간단한 식사로, 오이 샌드위치나 각종 파이를 곁들이기도 한다. 그런데 영국인들은 대개 오후 3시 반경부터 5시 사이에 애프터눈 티를 즐긴다. 따라서 5시 정각에 식당에 갔다가는 애프터눈 티를 구경조차 못할 공산이 크다. 한편, '하이 티high tea'는 간단한 다과라는 점에서 애프터눈 티와 비슷하지만, 곧장 저녁 식사로 이어질 때가 많다는 점에서는 애프터눈 티와 차이가 있다. 참고로 영국 남서부 사람들이 즐기는 '크림 티cream tea'는 차와 더불어 달콤한 스콘scone, 클로티드 크림clotted cream, 딸기 잼 등을 함께 먹는 간단한 식사를 뜻한다.

어떤 와인이든 성찬식용으로 쓸 수 있다?

독일의 경우, 독일주교협회는 성찬식용 포도주와 관련된 규정을 엄격하게 정해두고 있다. 독일산 포도주의 경우, 최고급 'QMP 와인Qualitätswein mit Prädikat'이어야 하고, 맛은 드라이dry 해야 하며, 주교청에 등록된 생산자나 유통 업자가 공급하는 와인이어야 한다. 수입 와인의 경우에는 특별 허가를 거쳐야 비로소 성찬식용 포도주로 쓰일 수 있는데, 허가를 받기 위해서는 원산지 증명서와 더불어 해당 와인 생산 업자에 대한 교회의 보증서도 함께 제출해야 한다(한국은 상징성에 의미를 두기 때문에 특별한 기준이 없다-편집자 주).

🍺 밀 맥아 맥주는 맥주 순수령에 따라 양조된 것이다?

맥주 순수령Reinheitsgebot이란 1516년 바이에른 공국의 빌헬름 4세Wilhelm IV(1493~1550)가 공포한 법으로, 맥주를 양조할 때 보리 맥아와 홉hop 그리고 물 이외의 다른 어떤 재료도 사용할 수 없다는 내용이었다. 즉 밀 맥아나 효모라는 말은 맥주 순수령에 언급되지도 않았던 것이다. 그런데 19세기 이후부터는 맥주 순수령에 위배되는 맥주들이 생산되기 시작했다. 밀 맥아로 만든 바이첸비어Weizenbier가 등장하는가 하면, 양조 과정에서 활성탄이나 식용 색소, 방부제를 활용하는 업체들도 늘어난 것이었다.

🍺 무알코올 맥주에는 알코올이 전혀 들어 있지 않다?

무알코올 맥주alcohol-free beer란 발효 후에 진공 증발법 등을 통해 알코올을 제거한 맥주를 뜻하는데, 그렇다고 알코올이 완전히 증발되는 것은 아니다. 약간은 남게 된다. 참고로 과일 주스를 비롯한 기타 청량음료들에도 소량의 알코올이 함유되어 있다. 한편, 독일 식품법은 알코올 함유량이 0.5퍼센트 이하일 경우 제품명에 '무알코올'이라는 문구를 포함시킬 수 있게 허용하고 있다.

🥄 성분 표시에 '알코올'이라는 말이 없으면 알코올이 들어가지 않은 것이다?

알코올은 우리가 알고 있는 것보다 훨씬 많은 식품들 속에 함유되어 있다. 양이 매우 적기 때문에 인지하지 못할 뿐이다. 무알코올 맥주나 과일 주스에는 0.2~0.4퍼센트의 알코올이 들어 있고, 잘 익은 과일 속에도 약간의 알코올이 들어 있다. 예를 들어 바나나 속에는 알코올이 최대 1퍼센트까지 함유되어 있을 수 있다. 발효 식품들 속에도 알코올이 들어 있다. 예컨대 양배추를 절여서 만드는 사워크라우트Sauerkraut는 알코올이 아니라 젖산을 발효시켜 만드는 음식이지만, 0.5퍼센트 정도의 알코올이 발효 과정에서 생성된다고 하고, 효모를 이용해 빵을 반죽할 때에도 약간의 알코올이 생성된다.

'복스보이텔'은 프랑켄 와인의 한 종류이다?

'복스보이텔Bocksbeutel'은 와인의 종류가 아니라 와인을 담는 유리병을 가리키는 말이다. 둥글고 납작한 주머니 모양이 매우 특징적인데, 독일에서는 프랑켄Franken과 바덴Baden 지방에서 생산된 와인만을 복스보이텔에 담을 수 있다. 한편, 프랑켄 지방의 와인 업자들은 한때 복스보이텔의 독점 사용권을 취득하려 했지만, 1983년 유럽사법재판소는 포르투갈의 와인 업자 등 기존에 복스보이텔을 사용해 온 와인 업자라면 누구든 복스보이텔을 계속 사용해도 좋다는 판결을 내렸다. 참고로 '복스보이텔'은 '염소의 주머니', 즉 '음낭'이라는 뜻이며 염소의 음낭이 예전에 물을 담는 주머니로 활용되었던 데에서 붙은 이름이다.

술과 담배

 보드카는 감자로 만든 증류주이다?

원래 보드카는 호밀로 빚었는데, 세월이 흐르면서 감자나 맥아, 옥수수, 당밀 등을 사용하기 시작했다. 사실 보드카는 원재료의 맛이 거의 나지 않는 술이다. 여러 차례 여과하는 과정에서 원료의 흔적이 대부분 사라져버리기 때문이다. 참고로 많은 이들이 최상급 보드카로 간주하는 것도 바로 무색, 무미, 무취의 보드카이다. 그렇다고 원재료가 보드카의 맛에 아무런 영향을 미치지 않는 것은 아니다. 원재료가 무엇이든 전혀 상관없다면 호밀 보드카가 유독 사랑받을 이유도 없다. 그런데 많은 이들이 호밀 보드카가 특히 더 부드럽다며 선호하고 있고, 감자 보드카는 곡류로 만든 보드카보다는 맛이 좀 더 강하다고 한다. 반면

약간 달콤한 뒷맛을 남기는 당밀 보드카는 값싼 보드카로 분류
되고 있다.

 소화가 잘 안 될 때에는 술 한 잔이 도움이 된다?

알코올이 위산과 담즙, 췌장 효소의 분비를 촉진시켜 소화를
돕기도 하지만, 그와 동시에 간에 부담을 주기 때문에 오히려 소
화에 방해가 될 수도 있다.

 알코올은 무조건 몸에 해롭다?

레드 와인은 그 안에 함유된 특별한 성분 때문에 하루 한 잔을
마시면 심장 건강에 도움이 된다고 한다. 그런데 최근 제시된 연
구 결과에 따르면, 비단 레드 와인뿐 아니라 다른 종류의 술들도
건강 증진에 도움이 된다고 한다. 물론 지나친 알코올 섭취는 건
강에 해롭겠지만, 적당량을 마시는 사람이 술을 전혀 입에 대지
않는 사람보다 대개 수명이 더 긴 것으로 밝혀졌다. 여기서 말
하는 술에는 레드 와인과 더불어 화이트 와인, 맥주, 나아가 알
코올 함량이 상당히 높은 술들도 포함된다. 참고로 하루에 40그
램 정도의 알코올을 '적당량'으로 간주하는데, 이는 와인 반병,

맥주 1000cc, 독한 술의 경우에는 작은 잔으로 두 잔 정도에 해당된다. 한편, 폭음은 어떠한 경우에도 건강에 도움이 되지 않는다. 한 차례 과음한 뒤 며칠 동안 술을 끊는다 해도 건강에 해롭기는 매한가지이다.

알코올이 몸을 따뜻하게 데워준다?

알코올이 체내에 들어가면 몸이 뜨거워지는 느낌이 든다. 뜨거운 술을 마실 때에는 체온이 더 급속도로 상승하는 것 같다. 하지만 그 느낌은 어디까지나 주관적인 착각일 뿐, 실제로는 알코올 때문에 신체 표면의 혈관이 확장되면서 체온이 오히려 떨어진다. 그러나 과음한 상태에서는 체온이 저하되는 것을 잘 느끼지 못한다. 쉽게 말해 추위를 느끼는 감각이 마비되는 것이다. 추운 겨울날, 술에 취한 채 공원 벤치나 길거리에서 잠들었다가 동사하는 이들이 속출하는 이유도 이 때문이다. 참고로 술을 마시면 코가 빨개지는 이유도 해당 부위의 모세 혈관이 확장되기 때문이다.

대마초는 건강에 해롭지 않다?

대마초^{cannabis}가 무조건적 비난의 대상인지 아닌지에 대해서는 지금도 의견이 엇갈리고 있다. 알코올이나 니코틴, 즉 술이나 담배보다 중독성이 약하고, 나아가 에이즈나 암 환자들의 통증 치료에 도움이 된다는 연구 결과도 나왔기 때문이다. 그렇다고 대마초가 건강을 전혀 해치지 않는다고 말할 수는 없다. 사고력과 기억력, 언어 능력을 둔화시키고 순간적인 반응 속도도 느려지기 때문이다. 따라서 대마초를 피운 뒤 운전하는 행위는 음주 운전만큼이나 위험하다고 할 수 있고, 대마초를 피운 뒤 공부를 하면 학습 효과가 떨어질 수밖에 없다. 그뿐 아니라 지속적으로 대마초를 피우면 의욕과 사기가 저하되고, 직장이나 학업, 인간관계 등 만사가 무의미하게 느껴질 수도 있으며, 정신 분열 schizophrenia 증세가 더 심해질 수도 있다고 한다.

 ### 담배에는 진정 효과가 있다?

흡연자들에게는 실제로 담배가 진정 효과를 발휘한다. 하지만 니코틴 자체가 진정 작용을 지니고 있는 것은 아니다. 담배를 손에 쥐는 순간 금단 증상이 사라지기 때문에 마음이 진정되는 듯한 느낌이 드는 것일 뿐이다. 즉 흡연자들은 금단 증상이라는 스트레스를 해소하기 위해 담배를 물어야 하는 악순환의 고리에 갇혀 있는 것이다.

 담배 광고가 아이들의 흡연을 부추긴다?

담배 광고 때문에 담배를 피우기 시작했다는 아이들은 그다지 많지 않다. 부모나 친구의 흡연이 청소년 흡연에 미치는 영향도 생각보다 크지 않다. 청소년의 흡연율을 상승시키는 주범은 주변 인물이나 담배 광고가 아니라 영화나 TV이다. 영화나 TV 드라마에서 주인공이 담배를 피우는 모습을 보면서 '멋지다, 따라 하고 싶다'는 생각을 품게 되는 것이다. 참고로 어린 시절에 담배를 전혀 손에 대지 않은 청소년이 20세 이후에 니코틴 중독자가 될 가능성은 매우 낮다고 한다.

인증 마크와 식습관

‘관리 재배’라는 문구가 포함된 농산물은 모두 다 친환경 농산물이다?

시중에 ‘관리 재배KA, Kontrollierter Anbau’라는 문구를 단 농산물들이 다수 출시되어 있다. 건강과 환경 보호를 생각하는 소비자라면 아무래도 그러한 제품들에 더 눈길이 가게 마련이다. 그런데 ‘관리 재배’라는 문구는 친환경이나 유기농과 전혀 상관없다. 사실 농사를 짓는 사람이라면 누구나 자신은 관리 재배 방식을 따르고 있다고 주장할 수 있다. 파종 시기나 수확 시기를 선택하는 것도 일종의 관리이기 때문이다. 단, ‘유기농 관리 재배KbA, Kontrolliert-biologischer Anbau’라는 문구가 포함된 제품은 실제로 유기농 방식으로 재배된 것들이므로 믿고 선택해도 좋다.

공인된 친환경농업협회가 정한 엄격한 규정을 따르는 사람만 해당 문구를 사용할 수 있기 때문이다.

 최소한 하루에 한 끼는 따뜻한 음식을 먹어야 한다?

따뜻한 음식을 먹느냐 차가운 음식을 먹느냐는 중요하지 않다. 음식의 온도가 우리 몸에 미치는 영향이 크지 않기 때문이다. 그보다는 각종 영양소를 골고루 섭취하는 태도가 더 중요하다. 물론 반드시 익혀서 먹어야 하는 음식이라면 날것으로 섭취해서는 안 된다. 참고로 전문가들이 하루에 한 끼는 따뜻한 음식을 먹으라고 권장하는 이유는 정성 들여 만든 요리는 여유를 갖고 천천히 음미하는 반면 요리 과정에 긴 시간을 투자하지 않은 음식들은 급하게 먹는 경향이 있기 때문이다. 하지만 급히 먹는 음식이 몸에 좋을 리 만무하다. 패스트푸드를 피하라는 것도 그 때문이다. 한편, 생식生食만 고집하는 것도 그다지 바람직한 식습관은 아니라고 한다.

 젓갈은 아시아인들이 개발한 것이다?

고대 로마인들도 가룸Garum이라는 소스를 거의 모든 요리에 사용했다. 가룸은 정어리와 비슷하게 생긴 작은 생선을 소금에 절인 뒤 여러 달 동안 햇볕에 말려서 만든 소스로, 강한 향기를 풍기는 갈색의 액젓이었다. 한편, 당시 로마에는 화재 위험 때문에 불을 사용하지 못하는 가정이 많아 '스낵 바^{snack bar}'가 매우 발달해 있었는데, 길거리 음식들에도 가룸이 두루 활용되었다고 한다.

영국 음식은 맛이 없기로 유명하다?

프랑스의 작가 피에르 다니노^{Pierre Daninos}(1913~2005)는 영국인들이 식사 도중 얘기를 많이 나누는 이유는 요리가 맛이 없기 때문이라고 비꼬았다. 하지만 영국 고전 문학을 자주 접한 사람이라면 다니노의 말에 결코 동의하지 않을 것이다. 미식가들의 입맛을 자극할 만한 다양한 요리들이 문학 작품 속에 상세히 소개되어 있기 때문이다. 실제로 19세기까지만 하더라도 영국 요리는 맛있기로 정평이 나 있었다. 하지만 20세기로 접어들면서 영국 상류층은 요리사를 고용하지도 못할 정도로 재정적 곤란에 빠졌고, 그러면서 영국 요리의 명성도 시들해졌다. 최근 들어 옛 명성을 고스란히 재현한 식당들이 늘어나고 있기는 하지만, 음식 값이 너무 비싸서 대중화되기는 어려울 듯싶다.

1850년경 아일랜드 사람들이 대거 사망한 원인은 먹을 것이 없어서였다?

1850년경 100만에 달하는 아일랜드인들이 굶어 죽는 참극이 벌어졌다. 그런데 당시 그렇게 많은 이들이 사망한 이유는 먹을 것이 없어서가 아니라 먹을 것을 구하지 못해서였다. 감자잎마름병popato late blight이라는 역병으로 인해 농민들의 주식이었던 감자를 거의 수확하지 못했던 것이다. 하지만 그 외의 곡식들은 피해를 거의 입지 않았고, 수확량도 당시 800만에 달하던 아일랜드 국민들 모두를 먹여 살릴 만큼 충분했다. 그런데 농민들에게는 감자 이외의 곡식을 구입할 돈이 없었다. 그 때문에 결국 100만 명이 굶어 죽고, 200만 명은 이민을 떠났다. 그러나 가난한 농민들이 그렇게 고통받는 동안 부자들은 밀과 고기를 영국으로 수출해 자신들의 배를 불렸다. 참고로 다른 지역에서 일어난 대기근 사태들 역시 아일랜드 대기근과 비슷한 상황이었다고 한다.

 ## 호텔 등급을 정하는 별 마크는 최대 다섯 개까지만 허용된다?

호텔 등급에 관한 국제적 기준은 존재하지 않는다. 나라마다 독자적으로 기준을 정하는데, 별의 개수로 등급을 표시하는 방식을 채택하는 나라가 비교적 많을 뿐이다. 별의 개수도 최대 다섯 개까지만 허용하는 나라가 대부분이다. 단, 국제적으로 단일화된 기준이 없기 때문에 같은 5성급 호텔이라 해도 시설이나 서비스는 나라마다 다를 수 있다. 그런가 하면 별의 개수를 더 많이 허용하는 나라도 있다. 대표적 사례는 두바이의 버즈 알 아랍 호텔Burj Al Arab Hotel로, 별을 무려 일곱 개나 달고 있다. 여느 호텔들과는 차원이 다르다는 뜻에서 그만큼 많은 별을 부여한 것이다. 독일에서는 5성급 호텔들 중에서도 시설이나 서비스가 특히 더 훌륭한 호텔들은 이름 앞에 '슈페리어Superior'라는 수식어를 붙일 수 있다.

 '유기농'과 '친환경' 마크는 소비자를 현혹하는 도구에 불과하다?

관련 법이 마련되기 이전에는 실제로 많은 업체들이 '유기농'이나 '친환경'이라는 문구로 소비자들을 현혹해왔다. 하지만 지금은 유럽연합이 정한 기준을 만족시키는 제품만 유기농 마크나 친환경 마크를 부착할 수 있게 되었고, 해당 인증 마크를 감독하는 기관의 이름도 포장지에 명시해야 한다. 그중 독일에서는 '데메테르Demeter'와 '나투어란트Naturland', '비오란트Bioland' 등은 유럽연합이 정한 기준보다 더 엄격한 기준을 적용하고 있다고 한다.

일상과 사회

도구와 재료

스테인리스 스틸은 가장 날카로운 금속이다?

스테인리스 스틸stainless steel은 녹이 잘 슬지 않고 부식률도 낮으며 깨끗하지만, 일반 강철과 구조가 다르기 때문에 스테인리스 재질로 된 칼날은 생각보다 덜 날카롭다. 정원사 등 전문가들이 스테인리스가 아닌 다른 소재로 된 가위를 사용하는 것도 그 때문이다. 즉 녹이 슬지 않는 깨끗한 가위를 원한다면 성능이 약간 떨어지는 점은 감수해야 한다.

연필에는 납이 들어 있다?

연필의 '연鉛'자는 납lead을 뜻하지만 요즘 생산되는 연필에는 납이 들어 있지 않다. 고대와 중세에는 나무 몸통에 납으로 된 심을 넣어 연필을 만들었다. 그러나 납으로 만든 연필은 너무 단단해서 종이를 긁기 일쑤였고, 당시에는 널리 알려지지 않은 사실이지만 인체에도 해로웠다. 그러다 17세기 들어 영국에서 납 대신 흑연graphite을 활용하기 시작했는데, 당시 사람들은 흑연이 방연석galena인 줄로만 알았고, 그 때문에 계속 '연필'이라 불렀다. 참고로 지금 생산되는 연필심들은 흑연과 점토의 혼합물로 만들어지며, 배합률에 따라 강도가 달라진다고 한다.

라이터가 성냥보다 더 나중에 발명되었다?

최초의 라이터는 1816년 독일의 화학자 요한 볼프강 되버라이너Johann Wolfgang Döbereiner(1780~1849)가 만든 것이다. 염산을 아연에 반응시켜 수소를 얻은 뒤 그 수소를 백금의 촉매 작용으로 점화시키는 방식의 라이터였다. 인phosphor을 발화제로 사용하는 성냥은 그보다 더 늦은 1832년에 등장했다. 하지만 당시 출시된 성냥은 가벼운 마찰에도 금세 불이 붙는다는 단점을 안고 있었다. 이후 1848년, 되버라이너의 제자였던 루돌프 크리스티안 뵈트거Rudolf Christian Böttger(1806~1881)가 성냥 머리 부분에 황sulfur을 사용하여 쉽게 불이 붙지 않는 안전성냥을 발명했다.

🍲 예전에는 말린 나뭇가지가 유일한 불쏘시개였다?

라이터와 성냥이 등장하기 전까지 부싯돌과 불쏘시개를 이용해 불을 붙였는데, 오늘날 불쏘시개라 하면 으레 마른 나뭇가지를 연상하게 마련이다. 하지만 우리 조상들은 버섯도 불쏘시개로 활용했다. 활엽수에 기생하는 말굽버섯$^{hoof\ fungus}$의 딱딱한 갓 아래쪽에 있는 섬유 성분들을 부드럽게 두드려서 불을 붙인 것이었다. 참고로 20세기 말 알프스의 빙하 지대에서 발견된 얼음 미라 '외치^{Ötzi}'에게서도 말굽버섯이 출토되었는데, 전문가들은 외치 역시 말굽버섯을 불쏘시개로 사용했던 것으로 추정하고 있다.

🍲 전등과 전구는 같은 말이다?

전등$^{light/lamp}$은 갓이나 틀, 전구 등을 포함한 발광 도구 전체를 가리키는 말이고, 전구^{bulb}는 전등 안의 알을 일컫는 표현으로, 광원의 종류에 따라 백열전구, 네온전구, 수은전구 등으로 구분된다.

화염병은 몰로토프가 개발한 것이다?

'몰로토프 칵테일Molotov cocktail'이라는 별칭 때문에 화염병의 개발자가 뱌체슬라프 몰로토프Vyacheslav Molotov(1890~1986)라고 생각하는 이들이 많은데, 화염병은 사실 핀란드인들이 개발한 것이다. 1939~1940년 겨울, 소비에트 연방이 핀란드를 침공하자 핀란드 병사들은 입구에 인화성 심지를 두르고 안쪽에는 휘발유를 채운 유리병을 소련군 탱크에 투척하면서 당시 소련의 외무부 장관이었던 몰로토프를 비꼬기 위해 몰로토프 칵테일이라는 별명을 붙인 것이다.

팩시밀리는 20세기에 발명되었다?

팩시밀리facsimile는 스코틀랜드의 시계공 알렉산더 베인Alexander Bain(1811~1877)이 1840년경에 발명한 것이다. 오늘날의 팩시밀리는 빛을 이용해 읽은 정보를 전기 신호로 바꾸어 내보내는 원리를 채택하고 있지만, 베인의 팩시밀리는 전기 회로에 추를 연결한 것이었다. 전기 회로를 이용한 방식이었던 만큼 송신 대상 부호는 전기가 흐를 수 있는 물질, 즉 도체여야만 했는데, 그 부호 위로 추가 왔다 갔다 하면서 문서나 이미지를 전송했다. 이후, 이탈리아의 조반니 카셀리Giovanni Caselli(1815~1891)가 베인의 기계를 개선했고, 해당 기계는 1865년부터 5년 동안 파리와 리옹^{Lyon} 사이에 팩스를 주고받는 도구로 사용되었다. 한편, 1906년부터는 신문 기사에 실린 사진도 팩스를 이용해 주고받을 수 있게 되었다.

표면이 긁힌 테플론 프라이팬은 즉시 버리는 것이 좋다?

폴리테트라플루오로에틸렌^{PTFE, polytetrafluorethylene}, 즉 테플론은 안전도가 매우 높은 화학 물질로, 테플론 입자가 요리에 섞여 들어간다 해도 크게 걱정하지 않아도 된다. 인체에 아무런 해도 끼치지 않고 몸 밖으로 다시 배출되기 때문이다. 단, 260도 이상으로 가열된 테플론 프라이팬을 아무런 내용물도 담지 않은 채 불 위에 올려두면 독성 물질이 함유된 연기가 발생하기 때문에 위험하다.

가구와 패션 소품

 인력거는 중국인들이 개발한 교통수단이다?

인력거는 1870년 일본에 거주하던 어느 미국 성직자가 몸이 불편한 아내를 위해 개발한 것으로, 출시되자마자 대량 생산에 돌입해야 할 정도로 폭발적 인기를 얻었고, 그 덕분에 해당 성직자를 따르던 수많은 교인들도 일자리를 구할 수 있었다. 참고로 영어로는 인력거를 '릭샤 ricksha' 혹은 '릭쇼rickshaw'라 부르는데 이는 '진릭샤 jinricksha'의 줄임말이다. 진릭샤는 말 그대로 '사람 – 힘 – 수레人－力－車', 즉 사람의 힘으로 끌어서 이동하는 수레라는 의미이다. 지금은 동남아시아의 국가들 대부분에 인력거가 널리 보급되어 있다.

'해먹'은 '매달아놓은 매트'의 줄임말이다?

'해먹hammock'은 '매달아놓은 매트hanging mat'의 줄임말이 아니다. 해먹은 원래 남아메리카 인디언들이 처음 사용하기 시작했는데, 아이티Haiti 토착민인 아라와크족Arawak의 언어 '하마카hamaca'에서 온 말로 추정된다. 해먹이 유럽에 전파된 것은 16세기로, 나무나 기둥 사이에 매달아 사용하는 그물 침대의 매력에 푹 빠진 항해사들이 해먹을 유럽으로 가져온 것이 시초가 되었다.

 '디반'은 긴 의자를 가리키는 말이다?

'디반divan'은 원래 페르시아어로 한 작가의 작품을 모두 모아놓은 전집全集을 뜻하는 보통 명사였다. 하지만 세월이 지나면서 통치자의 집무실을 가리키는 말로 변했고, 응접실이나 재판정 혹은 최측근들만 출입할 수 있는 작은 방을 뜻하는 말로도 사용되었다. 이후 오스만 제국에 이르러서는 처음에는 국무 회의실을 뜻하는 말로 사용되다 나중에는 국회 자체를 지칭하는 용어가 되었다. 하지만 19세기 초 유럽인들은 나무로 만든 다리에 푹신한 쿠션이 장착된 긴 의자를 디반이라 부르기 시작했다. 고위 정치가의 집무실이나 접견실에 그런 형태의 의자가 놓여 있었을 것이라 추측해서 그렇게 불렸던 것으로 추정된다. 참고로 괴테의 작품 중《서동 시집^{Westöstlicher Diwan}》이라는 것이 있는데, 괴테는 세계적인 대문호답게 디반이라는 단어의 원래 의미도 잘 알고 있었다.

예전에는 생선 뼈로 코르셋을 만들었다?

생선은 뼈가 없다. 가시만 있을 뿐이다. 혹은 있다 하더라도 물렁뼈이기 때문에 코르셋^{corset}의 딱딱한 뼈대로 사용하기에는 강도가 너무 약하다. 대신, 예전에는 고래가 포유류가 아니라 어류, 즉 생선에 속했고, 고래의 뼈로 코르셋을 만들었던 것에서 코르셋이 생선 뼈로 만든 속옷이라는 말이 생겨난 것이다. 그런데 좀 더 정확히 따지자면 귀부인들의 허리를 잘록하게 죄던 속옷은 고래의 뼈가 아니라 고래의 수염으로 만든 것이었다. 고래의 수염은 원래 플랑크톤을 거르는 필터로 사용되었는데, 강도가 높으면서도 잘 휘는 성질이 있어 보정 속옷용 소재로 안성맞춤이었다. 이에 따라 고래의 수염은 허리선을 강조하는 코르셋뿐 아니라 하체를 풍성하게 만들기 위해 치마 안에 착용하는 페티코트^{petticoat}의 소재로도 활용되었고, 나아가 우산살 제작에까지 두루두루 활용되었다.

 '펠아이젠'은 털과 철로 만든 여행 가방을 가리키는 말이다?

떠돌이 수공업자들이 등에 매고 다니던 가방을 독일어로는 '펠아이젠Felleisen'이라 부른다. 털을 뜻하는 '펠Fell'과 철을 뜻하는 '아이젠Eisen'이 결합된 단어이다. 그러나 이 가방은 가죽으로 만든 것으로, 털이나 철과는 전혀 상관없다. 그럼에도 불구하고 펠아이젠이라 불리게 된 이유는 가방을 뜻하는 프랑스어 '발리제valise' 때문이다. 즉 '발리제'와 비슷한 발음을 지닌 단어를 찾다 보니 '펠아이젠'이 선택된 것이었다.

손수건은 코를 푸는 목적으로 발명된 물건이다?

손수건은 15세기 이탈리아 귀족들이 장식용으로 들고 다니던 물건으로, 우아하고 품위 있는 몸동작을 보여주는 도구였다. 그런 만큼 고급 자수나 레이스로 장식된 것들이 대부분이었다. 하지만 18세기 중엽부터는 코를 푸는 용도로 사용되기 시작했다. 사실 코를 푸는 행위는 바람직하지 못하다고 한다. 손수건이나 휴지로 코를 꾹 누르는 과정에서 박테리아가 비강 내부에 압착될 수 있기 때문이다. 콧물을 삼키는 행위는 위생적이지 않아 보이겠지만, 의학적 관점에서만 보면 코를 푸는 것보다 더 건강하다고 한다.

단추는 원래 옷을 여미기 위한 목적으로 제작되었다?

단추는 원래 옷을 장식할 목적으로 제작된 물건이다. 기록에 따르면 기원전 2000년경에 이미 단추가 사용되었고, 고대 로마인들도 밋밋한 토가^{toga}와 튜닉^{tunic}에 단추 장식을 다는 것을 좋아했다고 한다. 단추가 옷을 여미기 위한 목적으로 사용되기 시작한 것은 1300년경부터였다. 고딕 시절에 몸에 딱 달라붙는 의상이 유행한 것도 단추 덕분이었다. 르네상스 시절에는 단추가 그야말로 전성기를 맞이했다. 그 시절 제작된 의상들 중에는 100개 혹은 1000개 이상의 단추가 달린 것들도 있었는데, 놀랍게도 그 모든 단추들이 장식용이 아니라 일일이 채워야 하는 여밈용 단추였다고 한다.

의복과 보석

 '존속 살해범'은 살인적인 높이 때문에 붙여진 이름이다?

'부친 살해범Vatermörder'이라 불리는 패션 소품이 있다. 셔츠 위에 얹는 좁고 높은 옷깃이 바로 그 끔찍한 이름의 주인공으로, 19세기 전반부에 대유행했던 제품이다. 프랑스인들은 이 소품을 기생충이라는 뜻의 '파라지테parasite'라 불렀다. 옷깃에 음식을 묻히지 않고서는 도저히 식사를 할 수 없다는 이유에서였다. 하지만 독일인들은 그 단어를 '파리시데parricide', 즉 존속 살해범으로 착각했고, 그 결과 독일어로는 '부친 살해범'이라 불리게 된 것이다. 참고로 어느 아들이 셔츠 깃의 뾰족한 부분으로 아버지의 눈을 찔러 죽인 것에서 이 소품의 이름이 비롯되었다는 이야기도 전해 내려오고 있다.

청바지는 리바이 스트라우스 혼자서 발명한 것이다?

청바지 개발 과정에서 리바이 스트라우스^{Levi Strauss}(1829~1902)의 공이 컸던 것은 사실이지만, 라트비아계 이민자였던 제이컵 데이비스^{Jacob Davis}(1834~1908)의 아이디어도 결코 적지 않은 부분을 차지했다. 정통 리바이스 청바지의 가장 큰 특징은 탄탄한 원단과 인디고블루 색상 그리고 리벳^{rivet}이라 할 수 있다. 그런데 당시 샌프란시스코의 광부들을 위해 갈색의 텐트 천을 잘라 바지를 만들기 시작한 것은 분명 리바이 스트라우스였지만, 금속 리벳으로 주머니 부분을 튼튼하게 만들자는 아이디어는 재단사 데이비스의 머리에서 나왔다. 그러나 특허 취득에 들어가는 비용을 댈 능력이 없던 데이비스는 스트라우스에게 자신의 아이디어를 제공했고, 스트라우스는 그 아이디어를 적용시키는 동시에 색상도 교체했다. 갈색 대신 파란색의 데님 천으로 바지를 만들었던 것이다. 이후 1873년, 스트라우스는 그렇게 제작된 푸른빛 바지에 대한 특허를 취득했는데, 특허권의 소유자는 스트라우스와 데이비스 두 사람이었다. 참고로 '청바지^{jeans}'라는 이름은 제노바 항구의 선원들이 입던 탄탄한 바지를 가리키는 영어 단어 '제노이즈^{Genoese}'에서 유래한 것이다.

 **미니스커트와 비키니는 20세기에 처음 등장했다?**

미니스커트와 비키니의 역사는 우리가 생각하는 것보다 훨씬 길다. 토탄 습지대에서 발견된 미라나 청동 조각상들을 보면 게르만족 소녀들이 가느다란 실을 이중으로 늘어뜨려 만든 미니스커트를 즐겨 입었다는 것을 알 수 있다. 한편, 비키니도 고대 로마 시절부터 있어왔던 것으로 추정된다. 지중해 지역에서 발견된 모자이크 벽화들이 그 증거로, 거기에는 가죽으로 만든 비키니를 입고 운동을 즐기는 여인들의 모습이 자세히 묘사되어 있다. 즉 그 당시에도 비키니는 속옷이 아니라 평상복 혹은 운동복이었던 것이다.

넥타이는 문명이 발달된 이후에 등장한 것이다?

넥타이는 군대에서 시작된 패션 아이템이다. 16세기 크로아티아의 기마병들이 목에 감았던 기다랗게 늘어지는 천에서 비롯된 것이다. 당시 크로아티아 병사들은 숱한 전쟁에서 혁혁한 공을 세우며 탁월한 전투력을 발휘했고, 이에 루이 14세는 크로아티아의 기마병들을 자신의 호위대로 삼기로 결정했다. 그런데 프랑스 귀족들은 파리 시가를 행진하던 크로아티아 병사들의 목에 감긴 천을 매우 마음에 들어 했고, 결국 그것을 본뜬 패선 소품을 제작하기 시작했다. 그 과정에서 천의 폭이 줄어들면서 오늘날과 같은 모양의 넥타이로 발전한 것이다. 참고로 넥타이는 독일어와 프랑스어로는 '크라바트^{Krawatte/cravate}'라 부르는데, 둘 다 크로아티아인을 뜻하는 '크로아테^{Kroate}'에서 유래된 말로 추정된다.

명주실은 누에나방만 뽑을 수 있다?

일반적으로 비단^{silk}이라 하면 누에나방^{silk moth}이 뽑은 명주실로 짠 천을 뜻한다. 하지만 그사이에 '거미 실크'라는 새로운 상품도 개발되었다. 거미 단백질로 짠 거미 실크는 누에 실크보다 더 미세하고 가볍다는 장점 때문에, 솔로몬 제도에서는 지금도 생산하고 있다. 하지만 거미를 이용해 실크를 생산하는 방식은 누에를 이용한 잠사 방식에 비해 비용이 너무 많이 든다고 한다.

캐시미어는 최고급 양모를 가리키는 말이다?

가볍고 따뜻해서 방한 의류의 소재로 인기가 높은 캐시미어^{cashmere}는 양모가 아니라 중국과 몽골 등지에 서식하는 염소의 털로 짠 섬유이다. 캐시미어는 가위나 기계를 이용해 깎아내는 양모와 달리 일일이 수작업으로 빗질해서 채취하기 때문에 특히 더 값이 비싸다. 한편, 히말라야 지역에 사는 산양의 털로 만든 파시미나^{pashmina} 섬유가 캐시미어보다 더 고급이라고 주장하는 사람도 있지만, 파시미나는 캐시미어와 명주를 섞어 짠 직물이다.

◇ 진주는 흰색이고 다이아몬드는 투명하다?

모든 진주가 다 하얀 것은 아니다. 남태평양의 폴리네시아^{Polynesia} 지역에선 흑진주도 생산된다. 흑진주는 흑엽조개^{black-lipped pearl oyster}에서 만들어지는 것인데, 희귀한 만큼 값도 비싸다. 다이아몬드는 연노랑에서 연파랑색, 연붉은색, 갈색, 검은색까지 색상이 다양하다. 유색 다이아몬드는 값싼 장신구 제작에 사용되지만, 투명한 다이아몬드보다 더 고가에 거래되는 유색 다이아몬드도 있다고 한다.

콘돔과 욕조

🦆 하루에 빗질을 100번 하면 머릿결이 좋아진다?

빗질은 두피에 있는 피지샘을 자극하여 피지의 분비를 촉진시킨다. 따라서 원래 머릿결이 지성이라면 되도록 빗질을 하지 않는 편이 좋다. 단, 건성 모발인 사람은 빗질로 머릿결을 더 부드럽고 윤기 있게 가꿀 수 있다. 머리가 긴 사람도 하루에 100번씩, 머리 뿌리부터 끝까지 정성스럽게 빗어주면 머릿결 관리에 도움이 된다고 한다. 다만 너무 딱딱한 빗을 사용하면 오히려 머릿결이 손상될 수 있다.

콘돔은 파리에서 처음 개발되었다?

콘돔은 고대부터 있어온 피임 도구다. 그 당시에는 주로 양의 내장이나 기타 동물의 피부막을 이용해 콘돔을 만들다가 19세기 후반부에 와서 가황加黃 처리된 고무를 활용하기 시작했다. 그런데 당시 사람들은 '콘돔'이라는 단어를 입에 올리는 것을 수치스럽게 여겨 콘돔 대신 '파리에서 온 물건' 또는 '물고기 부레'라 불렀다고 한다. 참고로 카사노바는 자신의 일대기를 담은 작품 속에서 콘돔을 '영국 옷vêtement anglais'이라 칭했다.

경구 피임약은 미국에서 개발되었다?

경구 피임약pill은 1951년 멕시코의 실험실에서 탄생했다. 오스트리아에서 태어나 미국으로 건너간 화학자 카를 제라시Carl Djerassi(1923년 출생)가 개발했는데, 제라시는 임신 중에는 임신이 되지 않는다는 점에 주목했다. 즉, 임신한 여성의 체내에서 분비되는 황체 호르몬progesterone이 또 다른 임신을 방지해준다는 점에 착안해 인공적으로 프로게스테론을 합성함으로써 경구 피임약을 개발한 것이었다. 한편 그 당시 제라시의 실험에 위스콘신의 한 연구소도 참여했지만, 결국 경구 피임약에 대한 특허권은 제라시를 고용한 멕시코 측 연구소에서 취득했다고 한다.

🦆 플라스틱 조리 기구가 나무 조리 기구보다 더 위생적이다?

그렇지 않다. 실험 결과, 나무 소재로 된 조리 기구에 붙어 있던 살모넬라균이나 대장균은 짧은 시간에 모두 사멸한 반면, 플라스틱 조리 기구에 붙어 있던 유해 미생물들은 죽지도 않을뿐더러 오히려 더 증식했다고 한다.

🦆 화장실은 특히 불결한 장소이다?

습한 환경에 늘 노출되어 있는 만큼 화장실은 으레 불결하다고 생각하는 이들이 많지만, 화장실의 세균 감염도는 의외로 그리 높지 않다. 각종 연구 결과에 따르면 변기보다는 컴퓨터 키보드에 더 많은 세균이 살고 있으며, 각 가정에서 세균이 가장 많이 우글거리는 곳은 뭐니 뭐니 해도 냉장고의 물받이 부분이라고 한다. 참고로 냉장고 물받이에서 검출된 세균의 양은 행주에서 검출된 것보다 더 많았다.

🦆 욕조 배수구 안에는 거미들이 기어 다니고 있다?

거미가 욕조 배수구 안에서 기어 다닐 수는 없다. 단, 어쩌다 배수구 트랩 안으로 미끄러져 빨려 들어간 경우에는 스스로 빠져나오지 못하고, 아무리 강하게 물을 뿌려도 좀체 쓸려 내려가지 않는다. 왜냐하면 거미들이 몸 안에 내장되어 있는 추진력을 이용해 다시금 물 표면에 들러붙기 때문이다.

🦆 욕조 배수구에 물이 빠지는 방향은 남반구와 북반구가 서로 다르다?

지구가 자전을 하는 까닭에 '코리올리 효과^{Coriolis effect}'가 발생하고, 그 때문에 남반구에서는 시계 방향으로 물이 빠지고 북반구에서는 반시계 방향으로 물이 빠진다는 말이 있다(남반구가 반시계 방향이고 북반구가 시계 방향이라 주장하는 이들도 있다). 코리올리 효과는 '코리올리의 힘^{Coriolis force}'이라고도 부르는데, 세면대나 욕조의 배수구는 코리올리의 힘이 작용하기엔 사이즈가 너무 작고 물이 빠지는 속도도 너무 빠르다. 게다가 소용돌이의 방향은 어차피 표면 장력이나 공기의 흐름 등 주변 상황에 크게 좌우되기 때문에 특정 지점에서는 반드시 시계 방향 혹은 반시계 방향으로 돈다고 단정할 수 없다. 참고로 적도 지방에서도 세면대나 욕조에 물을 내리면 직선으로 떨어지지 않고 소용돌이 치면서 빠진다. 반면 저기압 지대인 경우에는 실제로 코리올리의 힘이 작용한다. 이에 따라 북반구의 저기압 지대에서는 반시계 방향으로, 남반구의 저기압 지대에서는 시계 방향으로 물이 빠진다.

 걷는 것이 가만히 서 있는 것보다 더 힘들다?

얼핏 생각하면 아무래도 가만히 서 있는 편이 조금이라도 움직이는 것보다는 힘이 덜 들 것 같다. 하지만 실제로 오랫동안 가만히 서 있어 보면 그 말이 틀렸다는 것을 알 수 있다. 가만히 서 있을 때 다리에 더 무리가 가기 때문이다. 반면 걸을 때에는 한쪽 다리에는 부담이 가지만 나머지 다리는 쉴 수 있다. 즉 '교대 근무'를 하기 때문에 피곤함을 덜 느끼는 것이다.

운전면허증과 경찰관

🚗 자동차 속도계에 표시된 속도는 실제 속도에 10퍼센트가 추가된 것이다?

많은 운전자들이 자동차 속도계가 거짓말을 한다고 생각한다. 거기에 표시된 속도가 실제 속도보다 10퍼센트나 더 빠르다고 믿고 있는 것이다. 실제로 독일 법은 자동차 속도계가 '실제 속도＋10%＋4km/h'까지 표시해도 좋다고 허용하고 있다. 하지만 요즘 출시되는 차량에 장착된 속도계들은 매우 정확한 편이고, 무엇보다 교통경찰의 단속 기준도 체감 속도가 아니라 속도계가 표시하는 속도이다. 따라서 범칙금이나 과태료를 물고 싶지 않다면 자동차 속도계를 그대로 믿는 편이 좋다.

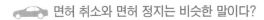 면허 취소와 면허 정지는 비슷한 말이다?

면허 취소는 기존에 취득한 운전면허증이 아예 무효화되는 것이므로 다시 운전대를 잡고 싶다면 면허 시험을 새로 보아야 한다. 반면 면허 정지는 면허 취소보다는 가벼운 사유로 인해 일정 기간 동안 운전을 금지하는 것으로, 해당 기간이 지나면 다시 차를 몰 수 있다.

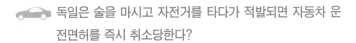 독일은 술을 마시고 자전거를 타다가 적발되면 자동차 운전면허를 즉시 취소당한다?

독일에서 음주 후 자전거를 타다가 적발되어 자동차 운전면허를 취소당하는 경우가 없는 것은 아니다. 경찰과 법원이 '지속적 음주로 인해 차량 운전 능력이 없다'고 판단한 경우에만 면허를 취소하기 때문이다. 즉 술을 마시고 자전거를 타다가 처음 적발된 경우에는 지속적 음주로 간주할 수 없기 때문에 운전면허를 취소당할 일도 없다. 물론 취중 자전거 운행으로 인해 신호를 위반하거나 인적·물적 피해를 야기했다면, 그 부분에 대해서는 응당 책임을 져야 한다. 참고로 독일은 잦은 '음주 보행' 때문에도 자동차 운전면허를 취소당할 수 있다.

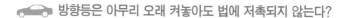 **방향등은 아무리 오래 켜놓아도 법에 저촉되지 않는다?**

자동차의 방향등은 본디 내가 장차 어떤 행위를 할지 주변 운전자들에게 통보하기 위한 수단이다. 추월하거나 차선을 변경할 때, 좌회전이나 우회전을 할 때 일명 '깜빡이'를 켬으로써 주변 운전자들에게 내 의도를 알리는 것이다. 그런데 그런 목적이라면 조향 장치를 오랫동안 켜둘 필요는 없다. 따라서 오랫동안 방향등을 끄지 않는 행위, 특히 주변 차량에 자기 차량을 밀착한 채 방향등으로 위협하는 행위 등은 도로 교통법에 저촉된다. 피해자가 난폭 운전을 이유로 고발할 경우, 안전 운전 의무 위반 등으로 처벌받을 수 있으니 불필요한 자극이나 안전한 교통 흐름에 방해되는 행위는 자제하는 것이 좋다.

경찰관에게 욕을 하면 공무원 모욕죄로 처벌받는 나라도 있다?

대부분의 국가에는 '공무원 모욕죄'라는 죄목이 존재하지 않는다. 상대가 경찰관이든 공무원이든, 혹은 일반 시민이든 언어 폭행은 언어 폭행으로만 간주될 뿐이다. 물론 정도가 심하면 공무 집행 방해죄가 적용되어 처벌 대상이 될 수도 있는데, 독일의 경우에는 민사 소송을 제기해야 피해자를 처벌할 수 있다. 참고로 오스트리아에는 공무원을 모욕하는 행위에 대한 처벌 항목을 따로 정해두고 있다.

식료품을 훔치다 적발되면 큰 처벌을 각오해야 한다?

독일에서는 식료품 절도를 기타 절도와 별도로 취급하는 조항이 존재했지만 1970년대 중반에 폐지되었고, 지금은 식료품 절도도 일반 절도 행위와 똑같이 취급하고 있다. 참고로 식당에서 음식을 시켜 먹은 뒤 밥값을 지불하지 않고 달아나는 행위, 즉 무전취식 행위는 사기죄에 해당된다. '돈을 내려고 했는데 상황이 여의치 않았다'는 식의 변명도 통하지 않는다. '피치 못할 사유'가 있는 경우, 예를 들면 계산대의 줄이 너무 긴 데다 마침 급한 일이 있어서 어쩔 수 없이 밥값을 지불하지 못했을 때에도 책임을 완전히 피할 순 없다. 단, 계산서를 발송할 주소를 남겨놓고 식당을 벗어난 경우라면 처벌을 면할 수 있다.

 저속 운전은 처벌 대상이 아니다?

과속 운전과 마찬가지로 저속 운전 역시 처벌 대상에 속한다. 도로 교통법 제17조에서는 "자동차 등의 운전자는 제1항과 제2항에 따른 최고속도보다 빠르게 운전하거나 최저속도보다 느리게 운전하여서는 아니된다"라고 명시되어 있다.

채무와 상속권

💵 만 18세가 되어야 비로소 권리 능력을 취득한다?

권리와 의무의 주체가 될 수 있는 능력, 즉 권리 능력$^{capacity\ of\ enjoyment\ of\ rights}$은 태어나는 순간부터 부여된다. 세상 빛을 보는 순간 예컨대 상속권이라는 권리를 이미 지니는 것이다. 하지만 행위 능력$^{capacity\ to\ contract}$은 모두에게 주어지는 것이 아니다. 독일은 만 7세 미만의 아동에 대해서는 행위 능력을 인정하지 않고 있고, 만 8세부터 성인이 되기 이전까지도 일부 행위 능력만 인정해준다. 형사 처벌은 만 14세부터 가능하다(한국의 형사 처벌도 만 14세부터 가능하다-편집자주). 단, 청소년에게 형을 선고할 때에는 피고가 자신의 행위로 인해 발생될 결과와 책임에 대해 얼마나 인식하고 있었는지를 정확히 판단해야 한다. 참고로 만

7세 이상 아동에 대해서는 피해 배상도 요구할 수 있다고 한다.

독일은 자녀가 사고를 당하면 무조건 부모 책임이다?

자녀가 당한 사고에 대한 부모의 법적 책임은 부모가 보호 및 감독 의무를 소홀히 했을 때에만 발생된다. 예컨대 안전장치가 미흡한 공사장에서 아이가 사고를 당했다면 해당 공사장의 사업자가 책임을 져야 하는 것이다. '이곳에 출입하다가 아이가 사고를 당할 경우, 모든 책임은 부모에게 있음'이라는 노란색 표지판을 설치했다 하더라도 책임 소재가 달라지지는 않는다. 반대로 공사장 측에서 안전장치를 충분히 갖추었다면, 나아가 해당 공사장에 자녀가 자주 출입한다는 사실을 알면서도 방치한 경우라면 그 부분에 대해서는 부모가 법적 책임을 져야 한다. 참고로 만 7세 이상 아동이 피해를 유발했다면 당사자에게 책임을 물을 수도 있다. 물론 그 연령대의 피고인들은 물적 피해를 보상할 만큼의 경제적 능력이 없는 경우가 대부분이겠지만, 그런 점을 감안해 피해자의 배상 청구 기한을 30년으로 정해두었다.

💵 부부는 채무에 대해서도 공동 책임을 져야 한다?

혼인 전 소유 재산에 관해 어떤 계약을 맺었느냐에 따라 달라진다. 독일의 경우, 특별히 공동 재산^{community property} 방식을 따르기로 선택한 경우라면 부부가 서로의 채무에 대해서도 공동 책임을 져야 하지만, 그렇지 않은 경우는 단독 재산^{separate property} 방식을 선택한 것으로 간주하고 채무에 대해서도 각자 책임을 져야 한다. 참고로 이 원칙은 재산을 분할할 때에도 적용되지만, 소유가 불분명하거나 결혼 중 두 사람이 공동으로 협력해서 취득한 재산 및 집기들은 재산 분할의 대상이 된다.

💵 단독 재산 방식을 따르는 부부는 이혼 시 모든 재산을 반반씩 나눈다?

독일의 경우, 단독 재산 방식을 따르는 부부들은 이혼할 때 각자 결혼 전부터 소유하고 있던 재산을 반환받는다. 물론 결혼 중에 공동으로 취득한 재산은 분할 대상에 속하지만, 그렇다고 모든 재화를 부부가 반반씩 나눠 갖는 것은 아니다. 집이나 각종 생활 집기 등 결혼 중 부부가 공동으로 이용한 재화는 분할 대상에 속한다. 하지만 예컨대 부부 중 한 명만 주로 사용하는 '세컨드 카^{second car}'의 경우에는 해당 차량을 구입한 사람이 상대방의 동의 없이 임의로 처분할 수 있다.

선물한 물건은 돌려받을 수 없다?

다른 나라에서는 어떤지 모르겠지만 적어도 독일에선 선물한 물건에 대해서도 반환을 청구할 수 있다. 자신이 선물한 값비싼 물건을 제3자에게 준 아내를 대상으로 반환 소송을 청구해서 승소한 남편들이 실제로 적지 않다. 굳이 부부간이 아니라 하더라도 선물한 지 10년 내에는 언제든 반환을 요구할 수 있고, 필요한 경우 사회복지청이 해당 업무를 대신해주기도 한다. 참고로 부모로부터 상속받은 재산도 여기서 말하는 선물에 해당된다. 즉 일찌감치 재산을 상속받은 뒤 나이 든 부모의 노후를 국가나 정부에만 맡겼다가는 수중의 재산을 다시 빼앗길 수도 있다.

독일에서는 마음에 들지 않는 자녀의 상속권을 박탈할 수 있다?

존속 살해 기도와 같은 극단적인 경우가 아니라면 부모가 의도적으로 자녀의 상속권을 박탈할 수 없다. 아무리 애를 써도 법정 상속 금액의 절반만 삭감할 수 있을 뿐이다. 예컨대 자녀가 네 명이라면 각자 4분의 1씩을 상속받게 되는데, 그중 한 명의 상속 금액을 최소한으로 제한할 경우, 해당 자녀는 4분의 1이 아니라 8분의 1을 물려받게 되는 것이다.

💵 자신의 시신을 해부용으로 판매할 수 있다?

예전에는 가능했지만 지금은 불가능하다. 현재 독일 해부학 실험실들은 그 어떤 사체도 돈을 주고 매입하지 않는다. 단, 자녀들에게 장례비 부담을 지우고 싶지 않다거나, 기타 이유가 있을 때에는 자신의 시신을 무상으로 기증할 수 있다(한국에서도 해부학 실험을 위한 시신 매매는 불가능하다-편집자주).

살인과 재판

계획적 살인은 모살, 우발적 살인은 고살이라 부른다?

모살謀殺과 고살故殺 모두 고의적 살인을 가리키는 말이다. 오늘날 많은 국가들이 살인 행위를 세 가지로 구분하고 있는데, 모살murder, 고살voluntary manslaughter, 과실 치사involuntary manslaughter가 그것이다. 그중 모살과 고살을 따로 구분하지 않는 나라도 있다. 참고로 독일 법에서는 모살을 "재물에 대한 욕구나 성적 충동, 살해 욕구, 범죄 사실 은닉 혹은 기타 비열한 동기에서 자행되는, 특히 잔인하거나 악의적인 살인 행위"로 정의하고 있다. 나아가 공공의 안녕을 위협하는 도구를 이용한 살인 행위 역시 모살로 간주된다. 이때 '공공의 안녕을 위협하는 도구'란 특별히 위험한 흉기가 아니라 다수의 대중을 위험에 빠뜨릴 수 있는 수단을 뜻한다. 한편 '악의^{malice}'라는 용어의 해석과 관련해서는 법률학자들 사이에 의견이 엇갈리는데, 많은 법률가들이 등 뒤에서 공격이 이루어진 경우를 악의적 살인 행위로 간주한다. 남자에게 폭행을 당하다 가해자를 살해한 여성들에게 모살죄가 적용될 때가 많은 것도 그 때문이다. 즉 힘없는 여성들이 남자가 방심하여 등을 돌린 틈을 타 공격한 것을 악의적 살인 행위로 해석한 것이다.

⚖ 구두 계약도 서면 계약과 동일한 효력을 지닌다?

이론적으로는 구두 계약과 서면 계약이 동일한 효력을 지니는 것이 맞다. 문제는 분쟁이 발생했을 때 구두 계약이 이루어졌다는 사실을 증명해야 한다는 점이다. 구두 계약에 따른 거래가 이미 성사된 경우에는 큰 문제가 되지 않는다. 매매 계약에 따라 물건을 이미 수령한 경우, 임대 계약에 따라 이미 해당 주택에 거주하고 있는 경우, 근로 계약에 따라 이미 해당 직장에 다니고 있는 경우라면 계약 체결 사실이 자동으로 증명되기 때문이다. 하지만 아직 거래가 성사되지 않은 상태에서 상품 판매자나 주택 임대인 혹은 고용주가 일방적으로 결정을 번복할 수도 있는데, 이 경우 구두 계약의 체결 여부를 증명하기란 거의 불가능하다. 따라서 만일의 사태에 대비하고 싶다면 구두 계약보다는 서면 계약을 체결하는 것이 바람직하다.

재심과 상소는 같은 말이다?

법원의 판결이나 결정, 명령 등에 불복하는 절차는 크게 재심 retrial과 상소appeal로 나뉜다. 재심은 확정된 종국 판결에 대해 판결 절차에 중대한 결함이 있을 경우 신청하는 것이고, 상소는 재판이 확정되기 이전에 소訴를 제기한다는 점에서 재심과 구분된다. 참고로 재심 과정에서는 재판 절차나 소송 자료만 검토하지만, 상소심에서는 재판의 전 과정을 되풀이해야 한다. 즉 1심 재판에서 거론된 모든 내용들을 재검토하고 증인 심문 역시 다시 해야 하는 것이다.

노인 수발 보험은 노후의 주거 문제를 완전히 해결해준다?

수발 보험Pflegeversicherung에서 매달 일정액의 주거비 지원금을 지급하지만, 주택 임대료가 그보다 더 높을 때도 많다. 그런 경우에는 수혜자 자신이나 자녀가 차액을 부담해야 하는데, 만약 자산이 전혀 없는 경우라면 사회복지청에 별도의 지원금을 신청할 수 있다(노인장기요양 보험으로 한국에서는 2008년 7월부터 시행되고 있다-편집자주).

🔨 할인된 가격에 구매한 물건은 교환할 수 없다?

하자가 있는 제품이라면 언제든 교환이 가능하다. 제대로 작동되지 않는 기기, 한 번 빨았더니 물이 빠진 블라우스라면 언제든지 교환이나 환불을 요구할 수 있는 것이다. 반면 제품에 특별한 문제가 없다면 판매자는 해당 물건을 교환해주거나 환불해줄 의무를 지니지 않는다. 즉 제품이 불량이 아님에도 불구하고 '단순 변심'으로 교환을 원하는 경우에는 판매자가 교환을 거절할 수도 있는 것이다. 다행히 대부분의 판매자들은 그런 경우에도 고객 관리 차원에서 별말 없이 물건을 교환해주지만, 할인된 제품에 대해서는 그러한 호의를 베풀지 않을 때가 많다. 즉 '할인된 제품에 대해서는 교환이나 반품 불가'라는 안내문은 곧 '할인된 제품의 경우에는 단순 변심으로 인한 교환이 불가능하다'라는 뜻이다.

🔨 흡연자들은 사회를 위협하기만 하는 존재이다?

간접흡연으로 인한 폐해를 유발한다는 점에서 흡연자들은 사회를 위협하는 암적인 존재처럼 취급되고 있다. 하지만 최소한 국가 예산이나 사회적 비용 면에 있어서만큼은 흡연자들이 사회에 오히려 도움이 되는 존재라 할 수 있다. 첫째, 흡연자들이 담배에 부과되는 각종 세금과 부담금을 지불하기 때문이고, 둘째, 흡연자들은 비흡연자들보다 수명이 짧기 때문에 건강보험공단이나 연금관리공단의 지출액도 그만큼 줄어든다. 즉 폐암이나 심장 마비, 뇌졸중 등 흡연으로 인한 전형적인 질병에 걸린 환자들의 경우, 발병에서 사망까지 걸리는 시간이 알츠하이머 환자들보다 더 짧다.

🔨 독일의 압류 스티커에는 뻐꾸기 그림이 그려져 있다?

압류는 국가 기관에 의해 집행되는 법적 절차인 만큼 압류 대상 물건에 붙이는 스티커에도 독일의 상징물, 즉 독일의 국조國鳥인 독수리 문양이 인쇄되어 있다. 하지만 독일인들은 언젠가부터 이 독수리를 재미 삼아 뻐꾸기라 부르기 시작했고, 그 때문에 지금도 많은 사람들이 압류 딱지에 인쇄된 새를 뻐꾸기로 착각하고 있다.

동전과 지폐

 유로화 동전의 은색 부분은 은으로 만든다?

은빛을 띠고 있을 뿐, 실제로는 75퍼센트의 구리와 25퍼센트의 니켈을 합금한 것이다. 금빛으로 반짝이는 부분 역시 20퍼센트의 아연과 5퍼센트의 주석을 구리와 섞어 주조한 것이다. 사실 기념주화를 제외하면 은 성분이 함유된 동전은 그리 많지 않다. 참고로 1974년 이전에 주조된 5마르크짜리 동전에는 실제로 소량의 은이 함유되어 있다.

1페니히와 2페니히 동전들은 재료비가 명목 가치보다 더 높다?

1페니히와 2페니히짜리 동전은 구릿빛이지만 사실 100퍼센트 구리로 만든 것이 아니다. 속에는 강철 심이 있고 겉에만 구리를 입힌 것이다. 따라서 동전 한 개를 만들 때 들어가는 재료값도 0.2페니히로, 명목 가치보다 훨씬 낮다. 하지만 주조 과정 전체에 들어가는 비용으로 따지면 동전 한 개당 3페니히로, 실제로는 명목 가치보다 더 높은 비용이 든다.

 동전 가장자리를 긁은 뒤 자판기에 넣으면 동전이 다시 나오는 불편함이 없다?

유럽에서 일반화된 상식으로, 자동판매기의 동전 투입구 주변에는 긁힌 상처들이 수두룩하다. 동전 가장자리를 긁어서 투입하면 그냥 다시 빠지지 않는다는 믿음 때문에 동전 가장자리로 긁어서이다. 하지만 물리학적으로 볼 때 그러한 행위는 전혀 의미가 없다고 한다. 동전을 긁으면 오류가 덜 발생하는 것 같은 느낌이 드는 이유는 동전을 긁은 뒤 투입하는 행위를 여러 차례 반복하기 때문으로 추정되는데, 동전을 긁지 않은 상태에서도 비슷한 횟수만큼 시도하면 아마 성공률은 비슷할 것이다.

지폐는 종이로 만든 돈이다?

열대 지방의 국가들은 지폐를 만들 때 종이를 사용하지 않는다. 습한 날씨로 인해 화폐가 쉽게 닳기 때문에 비용이 많이 들어도 플라스틱 소재로 지폐를 제작하는 것이다. 유럽 국가들 중에서도 루마니아는 플라스틱으로 지폐를 제작하고 있다. 한편, 유로화 지폐들은 셀룰로오스가 아니라 면섬유로 된 종이를 이용해 만든다. 이렇게 제작된 유로화 지폐들은 사인펜으로 낙서를 해도 자국이 남지 않는다. 물론 위조지폐인 경우에는 얘기가 달라진다.

 ## '꽃잎'은 위폐를 가리키는 속어이다?

독일어로 '블뤼텐Blüten'은 '꽃잎'을 뜻한다. 그리고 '블뤼텐'이 위조지폐의 다른 말이라 생각하는 사람이 많은데, 실은 한쪽 면만 인쇄된 게임용 지폐를 가리키는 속어이다. 즉 한쪽 면만 보면 진짜 화폐와 분간이 가지 않을 정도로 똑같지만, 뒷면은 텅 비어 있는 '게임용 머니'이다.

유로화 도입은 화폐 개혁이었다?

유로화 도입은 화폐 개혁^{currency reform}이 아니라 화폐 전환 currency changeover이었다. 통용되는 화폐의 단위만 달라졌을 뿐, 재화나 서비스의 가격은 그대로 유지되었기 때문이다. 반면 화폐 개혁은 대개 인플레이션 완화나 경기 안정 등을 위해 화폐의 가치를 인위적으로 조절하는 행위로, 독일은 1923년 렌텐마르크^{Rentenmark}를 발행할 때와 1948년 도이체마르크^{Deutsche Mark}를 도입할 때 화폐 개혁을 단행한 바 있다.

 유로화 지폐들은 발행 국가가 어디인지 알 수 없다?

유로화 동전들은 뒷면을 보면 어느 나라에서 만든 것인지 금세 알 수 있다. 나라마다 특색 있는 디자인을 채택하고 있기 때문이다. 반면 지폐의 디자인은 국가별 차이가 없으므로 어느 나라에서 발행한 것인지 알 수 없을 것 같다. 하지만 뒷면에 인쇄된 일련번호 속에 발행 국가에 대한 정보가 담겨 있다. 독일에서 발행된 지폐는 일련번호 맨 앞자리가 X로 시작되고, 그리스는 Y, 벨기에는 Z, 핀란드는 L, 포르투갈은 M, 오스트리아는 N, 네덜란드는 P, 이탈리아는 S, 아일랜드는 T, 프랑스는 U, 스페인은 V, 룩셈부르크는 R로 시작된다. 하지만 룩셈부르크에는 연방

조폐국이 없기 때문에 R로 시작되는 유로화 지폐는 사실상 존재하지 않는다. 한편, 앞면에도 6자리로 된 코드가 작게 인쇄되어 있는데, 그 코드를 보면 심지어 어느 나라, 어느 인쇄소에서 제작되었는지까지 알 수 있다. 예컨대 R로 시작되면 독일 연방 조폐국에서 인쇄된 것이고, P로 시작되면 뮌헨/라이프치히에 소재한 민영 인쇄소에서 제작된 것이다.

 현금 결제 이외의 결제 방식은 최근에 와서 등장한 것이다?

현금을 이용하지 않는 결제 방식이 현금 결제 방식보다 더 오래되었다. 역사상 가장 오래된 약속 어음은 기원전 2500년경의 것으로 추정되는데, 점토판으로 만든 것이었다. 그런가 하면 고대 문명이 발달했던 아시아 몇몇 지역에서는 종교 사원들이 은행 역할을 하며 상인들의 장부를 관리했다고 한다. 당시 이미 거래 내역을 기입하는 방식을 택함으로써 물물 거래의 불편함을 해소했던 것이다. 참고로 사상 최초의 주화는 기원전 650년경 소아시아의 리디아^{Lydia} 왕국에서 제작된 주화이다.

소득과 노동

포트 녹스에는 세계에서 가장 많은 금괴가 보관되어 있다?

미국이 보유한 금괴 중 상당 부분이 포트 녹스^{Fort Knox}의 금고에 보관되어 있는 것은 사실이고, 현재 보관량이 약 8000톤에 달한다고 한다. 그러나 뉴욕 맨해튼의 연방준비은행^{FRB} 지하 금고엔 그보다 더 많은 양이 보관되어 있다. 유럽 여러 나라들도 자신들의 금괴를 제2차 대전 기간 동안 그곳에 위탁 보관했으며 상당수 군소 국가들도 안전하다는 이유로 그 장소를 애용하고 있다. 1970년경에는 전 세계 금괴의 3분의 1가량에 해당되는 1만 1000톤이 연방준비은행 지하실에 놓여 있기도 했다. 하지만 그사이 유럽 국가들 대부분이 금괴를 자국으로 가져오면서 지금은 보관량이 8000톤 가까이로 줄어들었다. 이에 따라

포트 녹스가 가까운 시일 안에 실제로 세계 최대의 금괴 보관소가 될 수도 있다.

 독일의 고소득자들은 수입의 42퍼센트를 소득세로 납부해야 한다?

독일은 고소득자들에게도 기본 공제액 제도가 적용되고(2005년 6월 약 7664유로로), 그 이상의 소득에 대해서도 소득 구간별로 세율이 차등 적용되다가 일정 수준 이상(5만 2151유로 이상)부터 비로소 최고 세율인 42퍼센트가 적용된다. 그 기준으로 계산해보면 연봉이 10만 유로인 독신자의 경우, 수입의 34퍼센트 정도를 소득세로 납부하게 된다(2015년 현재 독일의 소득세는 월 450유로 이상부터 부과되며 결혼 여부와 자녀 유무 등 등급에 따라 달라진다- 편집자주).

 연봉 계약서에 명시된 급여와 실제 수령액은 동일하다?

구인 광고에 명시된 연봉을 실제 자신이 받게 될 연봉으로 착각하는 이들이 많은데, 현실은 그리 너그럽지 않다. 실제 수령액, 즉 세후 소득^{net income}은 그보다 더 적을 수밖에 없다. 세전 소득$^{gross\ income}$에서 소득세와 주민세, 각종 보험료 등이 제외되기 때문이다.

세계에서 가장 비싼 우표는 '투펜스블루'이다?

세계에서 가장 비싼 우표는 스웨덴에서 발행된 '트레스킬링 황색우표$^{3\ Skilling\ yellow}$'이다. 1996년, 제네바의 경매소에서 287만 스위스 프랑에 팔린 이 우표는 세계에서 가장 희귀한 우표이기도 하다. 전 세계에 단 한 장밖에 없기 때문이다. 트레스킬링 황색 우표는 1855년, 스웨덴이 우표를 최초로 발행하는 과정에서 원래 8스킬링짜리에 사용하려던 황색 바탕을 실수로 3스킬링짜리 우표에 인쇄하면서 탄생했다. 한편, '투펜스블루$^{Two-Pence\ Blue}$'는 총 12장이 남아 있는데, 그중 한 장이 1993년 172만 스위스 프랑에 거래되었다. 참고로 세계 최초의 우표는 1840년 영국에서 발행된 '원 페니 블랙$^{One\ Penny\ Black}$'이다. 하지만 원 페니 블랙은 현재 남아 있는 양이 많아서 경매에 내놓아도 7000유로 이상을 받기 힘들다.

예전에도 노동은 신성시되었다?

플라톤Platon(BC 427~347), 아리스토텔레스Aristoteles(BC 384~322)와 같은 철학자들은 수공업자나 단순 노동자를 불완전한 인간에 비유하기까지 했다. 인문학을 공부하거나 창작 행위에 몰두할 시간이 없다는 이유에서였다. 중세 사람들 역시 노동은 하층민들이 부담해야 할 필요악 정도로 취급했다. 노동을 자아실현의 수단이자 삶의 의미로 간주하는 시각은 18세기 들어 시민 사회가 발달하면서 비로소 대두되었다.

 ## 독일 성경은 시편 제 90편 10절이 다른 나라와 다르다?

시편 제90편 10절에 보면 "우리의 연수가 칠십이요 강건하면 팔십이라도 그 연수의 자랑은 수고와 슬픔뿐이요 신속히 가니 우리가 날아가나이다The length of our days is seventy years, or eighty, if we have the strength; yet their span is but trouble and sorrow, for they quickly pass, and we fly away"라는 구절이 나온다. 하지만 마르틴 루터는 라틴어 성경을 독일어로 옮기는 과정에서 '수고와 슬픔'을 '수고와 노동Mühe und Arbeit'으로 번역했다.

독일의 2005년 실업률은 바이마르 공화국 시절의 실업률과
비슷하다?

실업자가 500만 명을 넘어섰던 2005년, 독일에서는 당시의
실업률을 바이마르 공화국의 실업률과 비교하는 기사가 언론
에 자주 등장했다. 실제로 높은 실업률은 바이마르 공화국이 멸
망한 중대 원인이기도 했다. 하지만 11퍼센트 수준인 2005년
독일의 실업률을 사상 최악이라고 말할 수는 없다. 1932년에
는 실업률이 심지어 30퍼센트에 육박했다. 당시 실업자의 수는
600만에 달했는데, 1200만 경제 활동 인구가 나머지 국민들을
모두 다 먹여 살리기에는 역부족이었다. 게다가 일자리가 있다
해도 대부분 저임금에 시달려야 했고, 실업자들에게 지급되는
보조금도 오늘날에 비하면 그야말로 형편없는 수준이었다(현재
독일은 노동개혁을 통해 실업률을 크게 낮췄으며 2015년 초 4%대까지 기
록해 사상 최저치라는 평가를 받고 있다-편집자주).

원시림과 전원주택

🏠 '메이드 인 저머니'는 품질의 보증 수표이다?

1887년, 영국 의회는 '상표 표기 조례Merchandise Marks Act'를 의결했다. 모든 수입 제품에 원산지를 표기함으로써 자국의 제품을 보호하려는 것이었다. 참고로 당시 '메이드 인 저머니Made in Germany'가 표시된 제품들은 특히 더 품질이 나쁜 싸구려로 인식되었다. 하지만 이후 독일 제품의 이미지는 급속도로 개선되었고, 이제는 많은 이들이 독일에서 생산된 제품이라면 품질도 신뢰할 수 있다고 생각하게 되었다. 한편, 제1차 세계대전 동안에는 '메이드 인 저머니'라는 문구가 독일 제품 불매 운동에 큰 도움을 주었다고 한다.

인공림에서 벌채한 목재들에는 무조건 FSC 마크가 부착된다?

인공림을 조성한답시고 넓은 면적의 자연림을 불태우는 사례가 적지 않았다. 보르네오 섬의 적나왕나무들red meranti을 대량으로 벌채해 창틀이나 문짝 제작에 쓰기도 했다. 즉 인공림에서 벌채한 목재라 해서 무조건 친환경적이라곤 할 수 없는 것이다. 게다가 인공림은 소유 관계도 불분명할 때가 많고, 원시림에서 벌채한 목재를 인공림 목재로 속여 판매하는 사례도 적지 않다. 이에 따라 다국적 비정부 단체인 산림관리협의회Forest Stewardship Council는 원시림을 전혀 훼손하지 않는 가운데 조성된 인공림에서 생산된 목재에 한해서만 FSC 인증 마크를 부여하고 있다.

 열대림 목재 불매 운동으로 열대 우림을 보호할 수 있다?

열대 지방에서 생산된 목재로 만든 가구는 절대 구입하지 않겠다는 소비자가 늘어나고 있는 것은 분명 바람직한 현상이다. 하지만 전 세계적으로 열대산 목재에 대한 수요가 폭발적으로 늘어나고 있기 때문에 일부 소비자들의 불매 운동만으로는 큰 효과를 기대할 수 없다. 열대 우림을 본격적으로 보호하려면 해당 지역을 아예 자연 보호 구역으로 지정해야 한다. 그게 여의치 않다면 해당 토지를 친환경적으로만 이용하는 사업자에게 그에 상응하는 보상을 해주어야 한다. 현재 산림관리협의회^{Forest} ^{Stewardship Council}가 FSC 마크를 통해 그러한 업무들을 추진 중인데, 단순한 불매 운동보다는 FSC 마크가 부착된 제품만을 구매하는 태도가 열대 우림 보호에 더 큰 도움이 된다고 한다.

 ## 재생지는 모두 다 누렇거나 회색이다?

예전에는 재생지들은 누런색이나 회색으로만 생산되었다. 하지만 지금은 기술이 발달하여 재생지로도 최고 품질의 백색 종이를 만들 수 있게 되었다. 각종 소비자 단체와 감독 기관들도 재생지가 프린터나 복사기용으로도 전혀 손색없다는 점을 확인해주었다. 참고로 재생지가 아닌 일반 종이를 만들 때 사용되는 펄프의 일부는 캐나다와 스칸디나비아 그리고 시베리아의 원시림에서 자라는 목재들로 생산되고 있다.

 ## 유럽에는 원시림이 없다?

스칸디나비아 반도 북부에는 아직도 원시림이 남아 있다. 폴란드와 러시아의 접경 지대에 위치한 '벨라베즈스카야 푸슈챠 자연 보호지역Belavezhskaja Pushcha Nature Reserve'도 지금까지 보존된, 몇 안 되는 원시림에 속한다. 사실, 유럽의 원시림들은 열대 지방의 원시림들보다는 가치가 떨어지는 것은 사실이다. 하지만 화재나 벌목으로 소실된 지역에 조성된 2차림secondary forest에서는 결코 수천 년에 걸쳐 조성된 원시림에서와 같은 완벽한 균형적 생태계가 형성되지 않을 것을 전문가들은 경고해왔다. 이와 함께 그들은 원시림의 중요성을 강조하는데 어쨌든 원시림의 가치를 경제적 측면에서만 바라봐서는 안 된다는 것은 기억할 필요가 있다.

 ## 수질과 공기는 점점 더 더러워지고 있다?

하천과 호수 그리고 공기는 최근 들어 오히려 더 깨끗해지고 있다. 적어도 환경 보호에 대한 생각조차 없던 시절에 비하면 지금이 훨씬 더 깨끗하다고 할 수 있는데, 그 말은 곧 각종 환경 보호 조치들이 가시적인 효과를 보고 있다는 뜻이다. 일례로 독일 라인 강의 어족 자원은 1970년에 비해 두 배로 늘어났고, 유해 물질 농도는 절반으로 줄어들었다. 또한 대기 중에 포함되어 있던 황 성분도 이제 무시해도 좋을 수준까지 줄어들었다는 것이다.

전원주택은 친환경적 주거 시설이다?

얼핏 생각하면 전원주택이 더 친환경적일 것 같지만, 사실은 그렇지 않다. 첫째, 전원주택을 지으려면 그만큼의 대지를 조성해야 한다. 둘째, 주변 텃밭들은 환경 보호에 도움이 될지 몰라도 진입로는 생태계의 균형을 방해한다. 셋째, 전원주택들은 대개 도심 내 주거 시설보다 규모가 더 크고 이웃집과의 거리도 멀어서 난방용 에너지도 더 많이 소모한다. 윗집, 아랫집, 옆집에서 보일러를 튼 덕분에 내 집도 따뜻해지는 '시너지 효과'가 전혀 발휘되지 않는 것이다. 게다가 출퇴근길이 멀어지는 만큼 소비하는 연료의 양도 늘어날 수밖에 없다.

약어와 명언

💬 SOS는 '우리의 영혼을 구해주소서'라는 뜻이다?

SOS는 '우리의 영혼을 구해주소서^{Save our souls}'의 줄임말이 아니다. 1912년 타이태닉호가 침몰할 당시 많은 이들이 외쳤다는 '우리의 배를 구해주세요^{Save our ship}'의 머리글자를 딴 말도 아니다. SOS 뒤에는 사실 아무런 뜻도 숨어 있지 않다. SOS는 20세기 초에 개최된 만국무선통신회의^{The International Radio-Telegraphic Convention}에서 채택된 일종의 모스 부호로, 세 개의 점과 세 개의 선 그리고 다시 세 개의 점을 이어놓은 것이다 (· · · − − − · · ·). 참고로 각 부호들은 중간에 쉬지 않고 연속으로 전송해야 한다.

14세기에 유럽이 아라비아로부터 0부터 9까지의 숫자를 도입한 것은 사실이다. 그전까지는 로마 숫자를 사용했는데, 로마 숫자는 단위가 커질수록 표기하기에 불편하고 연산도 쉽지 않다는 단점이 있었다. 그런데 정작 아라비아 지방에서는 아라비아 숫자를 인도에서 기원한 것으로 간주한다. 10세기에 인도로부터 '수입'한 숫자이기 때문이다. 참고로 0은 원래 인도어로 '비어 있음'을 뜻하는 '순야^{sunya}'로 불렸는데, 아라비아인들은 순야를 '시프르^{sifr}'로 바꾸었고, 시프르는 다시 라틴어인 '제피룸^{zephirum}'으로 바뀌었으며, 결국은 오늘날과 같이 '제로^{zero}'가 되었다.

💬 "나는 내가 직접 조작하지 않은 통계는 결코 신뢰하지 않는다"는 처칠이 한 말이다?

"나는 내가 직접 조작하지 않은 통계는 결코 신뢰하지 않는다"는 처칠이 아니라 나치의 선전부장 요제프 괴벨스가 한 말이다. 괴벨스가 적국의 수장이었던 윈스턴 처칠이 그 말을 한 것처럼 언론에 흘리는 바람에 지금도 많은 이들이 해당 발언의 출처를 잘못 알고 있지만, 사실 처칠은 숫자와 통계의 정확성을 매우 중시했던 인물이다.

💬 세계에서 가장 많은 이들이 사용하는 언어는 중국어이다?

중국의 인구는 이미 12억을 넘어섰고 영어가 모국어인 사람은 4억 4000만밖에 되지 않으니 중국어가 세계에서 가장 많은 이들이 사용하는 언어라 생각하는 것도 무리는 아니다. 하지만 중국어라 해서 다 같은 중국어가 아니다. 중국의 공식 언어인 푸통화Mandarin를 제대로 구사할 수 있는 사람은 사실 8억 5000만'밖에' 되지 않는다. 푸통화를 할 줄 아는 외국인들까지 합해도 영어 사용자가 중국어 사용자보다 많은 것이다. 참고로 영어는 현재 전 세계 15억 인구가 사용하고 있다. 단, 범위를 모국어로만 좁힐 경우에는 중국어가 단연 세계에서 가장 많은 이들이 사용하는 언어가 된다.

💬 정사각형 모양으로 된 국기는 스위스 국기밖에 없다?

바티칸 공국의 국기도 정사각형 모양이다. 하지만 대부분의 국가들의 국기는 모두 직사각형 모양이다. 단, 네팔의 국기는 삼각형 두 개를 세로로 포개놓은 듯한 모양을 취하고 있다. 한편, 파라과이의 국기도 매우 독특하다. 세계에서 유일하게 앞면과 뒷면의 디자인이 서로 다르다. 파라과이 국기의 앞면은 적·백·청의 가로줄로 이루어져 있는데, 그 중간에 파라과이의 국가 문장敵章이 인쇄되어 있다. 즉 올리브 잎이 별 주변을 감싸고 있는 문장이 인쇄되어 있는 것이다. 또 뒷면에는 국고國庫를 상징하는, 붉은 모자를 쓴 사자가 새겨져 있다. 참고로 단일 색상으로 된 국기로는 리비아의 국기가 유일하다고 한다. 리비아의 국기는 전면이 녹색으로 되어 있는데, 이슬람 국가에서 녹색은 예언자를 상징한다.

주현절에 아이들이 현관문에 새기는 CMB는 동방 박사 이름의 약어다?

독일에서는 매년 1월 6일, 즉 주현절^{Epiphany}이 되면 아이들이 동방 박사 복장을 하고 집집마다 돌아다니며 찬송가를 부르고 현관문에 백묵으로 해당 연도와 'C+M+B'라는 글귀를 남긴다. 아이들의 복장 때문에 여기에서 말하는 CMB가 동방 박사들의 이름, 즉 카스파르^{Caspar}와 멜키오르^{Melchior}, 발타자르^{Balthasar}의 약어라 생각하는 사람이 많은데, 사실 CMB는 "그리스도께서 이 집을 축복하실지어다$^{Christus\ mansionem\ benedicat}$"의 약어이고,

거꾸로 동방 박사의 이름들이 이 문구에서 비롯되었다. 한편, 동방 박사의 정체에 대해서는 논란이 분분하다. 마법사였다는 사람도 있고 국왕이었다는 학자도 있으며 나아가 동방 박사 세 사람을 각기 다른 인종으로 표현한 화가들도 있다.

💬 "학교가 아니라 삶을 위해서 배워야 한다!"는 세네카가 한 말이다?

사실 세네카^{Seneca}(BC 4~AD 65)가 한 말은 "삶이 아니라 학교를 위해서 배워야 한다!$^{non\ vitae,\ sed\ scholae\ discimus!}$"였다. 후세 사람들이 그 말을 "학교가 아니라 삶을 위해서 배워야 한다!$^{non\ scholae\ sed\ vitae,\ discimus!}$"로 뒤집은 것이었다. 하지만 큰 실수로 볼 수는 없다. 어차피 세네카의 발언도 당시의 세태를 비난하는 현학적 발언이었기 때문이다.

결혼과 자녀

지금도 약혼은 법적 효력을 지니는 계약 행위에 속하고, 이에 따라 한쪽이 계약을 위반할 경우 비록 상대방에게 계약의 이행을 요구할 순 없지만 계약 불이행에 따른 피해 보상은 요구할 수 있다. 예를 들어 약혼으로 인해 조건이 매우 좋은 직장을 놓쳤다면 거기에 따른 경제적 피해를 보상하라고 요구할 수 있다. 단, 불륜이나 기타 중대한 사유로 인해 약혼이 파기된 경우라면 파혼의 원인을 제공한 당사자에겐 아무런 권리도 주어지지 않는다.

💕 결혼 7년 차 부부의 이혼율이 가장 높다?

통계청의 자료에 따르면 결혼 3년 차 부부의 이혼율이 가장 높다고 한다. 얼마 전만 하더라도 4~5년 차 부부의 이혼율이 더 높았지만, 지금은 3년 차 부부들이 이혼율 상승의 견인차 역할을 하고 있다. 한편, 최근 들어 이른바 '황혼 이혼'이 점점 늘어나고 있기 때문에 독일 부부들의 평균 결혼 지속 기간은 약 10년밖에 되지 않는다고 한다(한국은 2014년 통계 발표에서 50대 이혼이 증가하고 있으며 평균 결혼 지속 기간은 14.3년이라고 한다-편집자주).

💕 사실혼은 현대에 와서 등장한 결혼 형태이다?

고대의 수많은 문명권에도 사실혼이 존재했다. 혼인 증명서가 없어도, 혹은 정식으로 결혼식을 치르지 않았다 하더라도 일정 기간 이상 동거한 커플은 부부로 인정된 것이다. 예를 들어 고대 로마에서는 1년 이상 동거한 남녀를 부부로 간주했다. 하지만 그렇게 맺어진 경우, 여성에 대한 법적 권리는 남편이 아니라 여성의 아버지에게 있었고, 정식으로 맺어진 부부가 공동 재산권을 지녔던 반면 사실혼 관계에 있는 부부는 각자의 재산이 각자의 책임하에 놓여 있었다. 한편, 중세에는 첫날밤을 치르기만 하면 부부임을 인정해주는 방식의 혼인 형태도 존재했는데, 이 경우에도 남편은 아내의 보호자가 될 수 없었다.

💕 18세기 그레트나 그린에서는 대장장이가 혼인식을 집행할 수 있었다?

18세기에 잉글랜드와 스코틀랜드의 접경 지대에 위치한 작은 마을 그레트나 그린Gretna Green의 대장간에서 결혼식이 몇 차례 치러진 것은 사실이다. 가족과 주변 사람 모두가 반대하는 비극적 사랑에 빠진 이들이 그곳에서 비밀 결혼식을 올린 것이었다. 하지만 혼인이 성사되었음을 선포한 사람은 대장장이가 아니었다. 결혼식을 치른 장소가 대장간이었을 뿐이다.

💕 바다 위에서는 선장도 성혼을 선포할 수 있다?

배 위에서 거행되는 결혼식의 경우, 결혼식을 거행하는 순간 선박이 어디에 있느냐에 따라 어느 나라의 법이 적용될지가 결정된다. 그런데 대부분의 국가들이 선장의 입에서 나온 "이제 두 사람이 부부가 되었음을 선포합니다"라는 말은 인정하지 않고 있다. 등기소에 등록이 되어야 비로소 정식 결혼으로 인정하는 것이다. 참고로 선장의 성혼成婚 선언을 법적으로 인정한 사례는 단 한 건밖에 없다. 1929년, 뉴욕에서 치러진 결혼식이었는데, 당시만 하더라도 선상 결혼에 대한 법령이 제대로 마련되어 있지 않았기 때문에 그런 일이 가능했다. 지금은 뉴욕 주 바다 위에서 권한도 없이 혼인 성사를 선포했다가는 경찰에 체포되어 감옥신세를 질 수도 있다.

💕 가톨릭 국가의 출산율이 다른 나라에 비해 더 높다?

전통적 가톨릭 국가인 스페인이나 이탈리아의 출산율은 가임여성 1명당 1.2명꼴로, 나머지 유럽 국가들에 비해 오히려 낮다. 독일 역시 출산율이 낮기로 유명하다. 폴란드의 출산율은 1인당 1.4명으로 독일보다는 약간 높지만, 유럽 전체의 평균 출산율인 1.5명보다는 낮다. 참고로 가임 여성 1인당 출산율 대신 인구 1000명당 출산율을 기준으로 삼을 경우 독일의 순위는 최하위권으로 밀려난다. 왜냐하면 독일이 유럽 내 다른 국가들에 비해 아이를 아예 안 낳거나 적게 낳는 추세가 더 일찍 시작되었기 때문이다.

❤❤ 베이비 붐은 뉴욕 최악의 정전 사태 때문에 일어난 것이다?

사상 초유의 정전 사태가 베이비 붐으로 이어졌다는 소문의 진원지는 《뉴욕 타임스》이다. 1965년 11월 9일 뉴욕에 대규모 정전 사태가 발생했는데, 그로부터 정확히 9개월 뒤 두 개의 병원에서 신생아 출생률이 눈에 띄게 증가했다는 내용의 기사를 내보낸 것이었다. 하지만 조사 결과, 그 소문은 사실이 아닌 것으로 밝혀졌다. 1966년도 뉴욕 주의 출생률을 월별로 검토해본 결과, 8월의 출생률이 나머지 기간에 비해 특별히 더 높게 나오지는 않았다. 즉 정전 사태가 TV만 쳐다보던 남편의 관심을 비로소 아내에게로 향하게 만들었는지 어땠는지는 알 수 없지만, 만약 두 사람이 '오붓한 시간'을 보냈다 하더라도 피임만큼은 확실히 했던 것이다.

대화와 예절

거창한 선물이나 이벤트가 부부간의 결속을 다져준다?

거창한 것보다는 오히려 사소한 것들이 위기에 빠진 부부 관계를 다시 결속시켜준다. 두 사람만의 언어, 외부인은 결코 해석할 수 없는 말버릇, 남들이 보기엔 시시하게 느껴져도 남편 혹은 아내는 폭소를 터뜨리게 되는 농담 등이야말로 삐걱거리는 관계를 구제해줄 진정한 구원자라는 것이다. 거창한 선물이나 대단한 이벤트는 갈등 해소에 큰 도움이 되지 않는다. 심지어 자녀가 있다 하더라도, 혹은 이혼 후 당장 생계가 걱정된다 하더라도 한번 헤어질 결심을 한 사람이 마음을 쉽게 돌리지는 않는다. 반면 사소한 추억들은 그 어떤 접착제보다 더 강력하게 두 사람의 어긋난 마음을 다시 이어 붙여준다고 한다.

🎁 사과는 한 번으로 족하다?

실수는 한 번으로 족하지만 사과는 한 번으로 족하지 않다. 미국의 유명한 심리학자 존 고트먼^John Gottman(1942년 출생)은 수많은 커플들의 다툼과 논쟁 행태를 관찰한 결과, 한 번의 사과로는 충분치 않다는 결론에 도달했다. 함부로 내뱉은 말 때문에 상대방에게 상처를 주었다면 사과의 말이나 몸짓을 최소한 네 차례는 해야 '피해자' 측에서 용서할 준비를 갖춘다는 것이다. 즉 상대방이 한두 차례 사과했음에도 불구하고 꽁꽁 언 마음이 녹지 않는다고 해서 피해자 측에서 오히려 죄책감을 느낄 필요는 없는 것이다.

🎁 부부 갈등은 대화로 푸는 것이 가장 좋다?

특히 아내들은 문제가 생겼을 때 "우리, 얘기 좀 해!"라는 말을 자주 하고, 부부 문제 상담소에서도 갈등은 대화로 풀어야 한다고 충고한다. 하지만 잘못된 대화 방식은 오히려 갈등을 심화시킬 수 있다. 나만 옳고 상대방은 전적으로 틀렸다는 믿음을 버리지 않는다면, 나아가 대화를 자신의 생각을 강요하려는 수단으로만 활용한다면 상황이 개선되기는커녕 오히려 악화될 수도 있는 것이다. 그러나 만약 그러한 고집을 완전히 버린 상태에서 상대방의 의견에 진심으로 귀 기울이고 함께 해결책을 모색해 나간다면 대화는 그야말로 갈등을 해소하는 일등 비책이 될 수도 있다.

스몰토크에선 돈 문제나 정치 얘기는 무조건 피해야 한다?

가벼운 대화smalltalk에 있어서는 주제의 제약이 없다. 상대방의 기분을 상하게 하지만 않으면 된다. 물론 그 자리에 없는 사람을 비난하는 내용은 바람직하지 않다. 하지만 굳이 돈 얘기나 정치 얘기를 꺼릴 이유는 없다. '가벼운' 대화라고 해서 내용이나 주제까지 가벼워야 할 이유는 없기 때문이다. 참고로 여기서 말하는 '가벼운 대화'의 의미는 피상적이지 않은 대화, 내용이나 주제보다는 상대방과의 관계 개선에 초점을 맞춘 대화로 해석하는 것이 좋다.